世にも美しい日本語入門

安野光雅／藤原正彦
Anno Mitsumasa　Fujiwara Masahiko

★——ちくまプリマー新書
027

目次 ＊ Contents

挿絵　南伸坊

まえがき

藤原正彦《ふじわらまさひこ》

『世にも美しい日本語入門』は、世にもめずらしい本である。

安野光雅《あんのみつまさ》先生は、私の小学校時代の先生である。昭和二十年代の末、教員になってまだ数年という安野先生は、武蔵野《むさしの》市立第四小学校で図画工作を教えておられた。天然パーマとギョロリとした目がやせた身体《からだ》の上にのっている、というのが当時の印象である。もっともその頃《ころ》、日本に肥《ふと》った人はいなかったから、先生のトレードマークは天然パーマとギョロリであった。

先生の授業は、クラスの皆《みな》が待ち焦《こ》がれていた。戦火を生きのびた木造二階建て校舎の、一階の西端《せいたん》にあった図画工作室に向かう時のわくわくした気持ちは、よく覚えている。

教壇《きょうだん》の向かって右端《みぎはし》に立って話す先生の姿が、そのよく通る声とともに今もくっきりと目に浮《う》かぶ。先生の人気は、類《たぐ》い稀《まれ》なユーモアによるものだった。得意中の得意である二等兵物語に、生徒たちは皆、授業中ずっと笑い転げ、時々シュンとした。シュンとしたのは、先生の笑い話に抒情《じょじょう》や悲哀《ひあい》が時折《ときおり》含《ふく》まれていたからだった。

大学を出て数学者となった私は、弟子《でし》としての名乗りを上げず、一ファンとして先生の絵を楽しんでいた。先生の風景画は写実的というより抒情的であり、先生の好んで描《か》かれるダマシ絵はユーモアだから、それを見るたびに私は、昔の先生を目の当たりにするような感慨《かんがい》を持った。

私と同じような気持ちで先生を見ていたのが、本書を企画した筑摩《ちくま》書房《しょぼう》の松田《まつだ》哲夫《てつお》氏である。武蔵野第四小学校の四年後輩《こうはい》である。六年生にとって、二年生はゴミ同様だから、私は無論彼《かれ》を覚えていない。二年生にとって、六年生は偉人《いじん》のはずだが、なぜか彼も私を全く覚えていない。二人は愛校心というか、懐旧心《かいきゅうしん》で結ばれている。二人はかなり時がたってから、安野先生に名乗りを上げ、松田氏はつい昨年になって、私に後輩の名乗りを上げた。小学校時代の先生と二人の生徒が協力して作った本、ということで、世にもめずらしい本と冒頭《ぼうとう》で述べたのである。

本書を作るにあたり、二十代の頃から見られた先生の抒情が、文学に発しているらしいことがよく分かった。本書で先生の挙げられた文学は、多岐《たき》にわたっていても、情緒《じょうちょ》を揺《ゆ》さぶるもの、という原理が貫《つらぬ》かれていたからである。

その中には、美しい文語とか漢詩も多くあるから、耽美的《たんびてき》なものに強く魅《ひ》かれていることも確かである。これが強烈《きょうれつ》にあったからこそ、画家の道に進まれたのだろう。

画家である先生の本棚《ほんだな》と、数学者である私の本棚は、恐《おそ》らくまったく異なる本で埋《う》められていることだろう。不思議なのは、なのに本書で美しい日本語として双方の用意した例が、ほぼ共通していたことである。必要とする本は全く違《ちが》っているのに、愛読書は驚《おどろ》くほどよく似《に》ていたことである。

白紙のごとき小学校時代に先生の教えを受けた、ということで先生の抒情に似てしまったのか、誰《だれ》が読んでも美しいものは美しいということなのかは、よく分からない。両方かもしれない。しかし、本書に挙げられたものが、美しいものばかりであることには自信がある。

よく、近頃の若者の言葉が乱れていると嘆《なげ》く人々がいる。確かにその通りである。ただ、これは私が若者の頃も言われた言葉である。年長者が若者の乱れた言動を嘆く、というのは古代ローマの文献《ぶんけん》にもある。

由々しき問題は、若者が美しい日本語、すなわち文学を読まなくなったことである。漢詩や文語などは、美の権化《ごんげ》のごときものなのに、中高の教科書には、申し訳程度に登場するばかりである。だからその美しさの片鱗《へんりん》にも触《ふ》れぬまま、朗誦《ろうしょう》暗誦もせぬまま、大人になってしまうことになる。大人になって初めて触れるのではもう遅《おそ》い。

美しい日本語に触れないと、美しく繊細《せんさい》な情緒が育たない。恋愛《れんあい》さえままならない。文学に一切触れず、「好き」と「大好き」くらいの語彙《ごい》しかない人間は、ケダモノの恋しかできそうもない。愛する、恋する、恋焦《こいこ》がれる、ひそかに慕《した》う、想《おも》いを寄せる、ときめく、惚《ほ》れる、身を焦がす、ほのかに想う、一目惚《ひとめぼ》れ、べた惚れ、片想い、横恋慕《よこれんぼ》、初恋、うたかたの恋……など、様々な語彙を手に入れはじめて恋愛のひだも深くなるのである。

祖国に対する誇《ほこ》りや自信も身につかない。祖国がいかに経済的繁栄《はんえい》を続けても、いかに強力な軍隊を持っても、深い誇りとか自信はそこから生まれはしない。世界もそんな国や国民には、嫉妬《しっと》や恐れを抱《いだ》いても決して尊敬《そんけい》はしない。深い誇りや自信は、祖国の生んだ文化や伝統、すなわち普遍的《ふへんてき》価値から生まれる。文化には学問、芸術、そして文学などが含まれる。

我《わ》が国《くに》は世界に冠《かん》たる文学の国である。全国民がこれに触れ、とりわけ若いうちに触れ、美しい情緒を培《つちか》い、祖国への深い誇りや自信を得ることは、私の、そして恐らく安野先生の願いでもある。本書がそのためのよき水先案内人となったとしたら幸いである。図画工作ではいつも通信簿《つうしんぼ》の2しかとれなかった私が、五十年ぶりに先生のお役に立てたことにもなる。

第一章　読書ゼミのこと

安野　いま話している私たちの肩書《かたが》きは、数学者と画家ということになっています。それぞれの専門領域からすると、二人とも日本語を話題にする立場にはないようにみえますが、肩書きというのも当面の便宜的《べんぎてき》なもので、日本語を考えることは誰《だれ》にとっても常に新しく大切な問題だと思います。

特に「美しい」という感覚については、いわゆる芸術家の専門のように思われていますが、そんなことはありません。これこそ万人共通の問題だと思います。

最近、数学教育協議会編纂《へんさん》による『家庭の算数・数学百科』という本が出版され、私はその本の帯に短い文章を書きました。

「地球は頭に入らないけど、言葉にすれば入れておける」「数学の言葉はどれをとっても、感動に満ちている」というような意味のことを書いたのです。

まあ、この「家庭」という用語も、「家庭医学書」とか「家庭教師」「家庭生活」などと言ってみると、語感として何だか大正時代という気がしてきますが、偏見《へんけん》でしょうか。この本の内容は数学用語辞典です。そこに拾われている用語も的確だし、かなり丁寧《ていねい》にわかりやすく解説されています。

目に見えるものを言葉に置《お》き換《か》えて、頭に入れておくだけでなく、この世にない空想したものや目に見えない抽象概念《ちゅうしょうがいねん》でも入れておける。いわば数学は、定義された、強固な数学的概念で組み立てられている。一口で言うと、数学は言葉だけでできているような気がします。これについてはどうでしょうか。

藤原　私もそう思うんです。数学でも抽象的なことを考えるときは、いつでも言葉とイメージとの間を行ったり来たり往復運動、振《ふ》り子《こ》運動をするわけです。言葉は考える基地ですから。言葉に戻《もど》ってはまたイメージに行ってという、振り子運動を何度もする。そして、学問の進歩は、新しい語彙《ごい》の獲得《かくとく》と言えるでしょう。

数学に限らず、他のすべての学問も同じでしょう。非常に複雑で抽象的な現象を、言語化してやる。これは哲学《てつがく》だろうと、物理学だろうと同じで、全部言語化の作業だと思います。要するに語彙化です。したがって、広い意味では全部言葉の世界と言ってよいのではないでしょうか。

安野　藤原《ふじわら》さんは数学者ですが、お茶の水女子大では国語の授業もしているという話を聞きましたが……。

藤原　大学一年生を相手に読書ゼミをやっています。学生たちがとにかく、あまりにも本を読んでいないのです。いくら偏差値《へんさち》が高くても、それでは獣《けもの》ならともかく、人間にはなれませんから、本を読ませようと思って始めたんです。もう十年ぐらいになります。主に岩波文庫を毎週一冊ずつ読ませるゼミで、クラスは二十名までと限っています。

最初からこれを受講するための条件を公表します。まず、一週間に岩波文庫を一冊読むだけの根性《こんじょう》。それから、一週間に岩波文庫を一冊買うだけの財力。その二つだけを条件としてあげるんです。これに怖《お》じけない子だけがくる。読む本は私が一方的に決めます。教室では民主主義は存在しません。私が「これを読んでこい」と命令する。

安野　根性という条件は中でもいいですね。それに若い人たちと、同じ本について話せるというのはうらやましい。しかも、藤原さんの独断的なやりかたがいいです。いわゆる古典作品なら、すでに淘汰《とうた》され、評価されてきたのですから、その読書が無駄《むだ》にならないという保証が付いている、と信じられます。文学を読むことを強制しても、まずうらまれることはないでしょう。私は、古典はいつまでも古びない、常に新しいと思っています。

藤原　授業では、批評なり感想なり書いてきたものをもとに、皆《みな》でディスカッションする。感想でも批判でも批評でもなんでもいい。書くものの長さは、特に制限なく自由に書け、と言います。私がそれを添削《てんさく》して翌週の授業で返す。文章力の向上にもなるし、もちろん知らない本を読んで教養も身につく。授業中のディスカッションで論理的な言葉の応酬《おうしゅう》をしますから、論理的思考の訓練にもなっています。

その本を中心にディスカッションをするわけで、私と一対一のことも、皆が交じることもあります。

これをやると、そこがまた大学生のいいところで、ほんとに変わります。たとえば、「戦前はまっくらくら。大正明治も自由はなく、女性は解放されておらず、ほんとに皆気の毒だった。江戸時代までの庶民《しょみん》は封建《ほうけん》制度のもと、皆虐《しいた》げられていた」という歴史を習ってきていて、現在の自分たちがいちばん賢《かしこ》く、偏見がなく、判断力もあると思っています。ところが、明治の人々の、あるいは大正の、戦前の、また江戸時代末期の本を次々に読むと、たった三か月半ぐらいの読書ゼミの後で、逆にコンプレックスを持ってしまう。

「私たちほど最低な人間はいない。戦前の人も、大正の人も、明治の人も、私達よりずっと素晴《すば》らしい人格や教養を備えていた。そもそも自分たちは、まともなものを何も読んでない」

「特攻隊《とっこうたい》で出撃《しゅつげき》する学徒兵は、前の晩に万葉集やニーチェを読んだりしている。田舎《いなか》に残してきた恋人《こいびと》、父母、弟妹《ていまい》たちに手紙を書いているが素晴らしい文章だ。私たちはこ

特攻隊も 特攻の
前の晩に万葉集や
ニーチェを
読んでたりしてて
昔の人は 教養がある…と思った。

んなものはとても書けない」

「いままでいったいわれわれは、何を習ってきたんだろう」

と、考えこんでしまう。もっと本を読まないと、この無知蒙昧《むちもうまい》のまま人生が終わってしまう、と目覚めてくれます。岩波文庫を十数冊読んでディスカッションするだけでです。

これが大学生の素晴らしさで、私にとっての醍醐味《だいごみ》です。

具体的には、新渡戸稲造《にとべいなぞう》『武士道』、内村鑑三《うちむらかんぞう》『余は如何《いか》にして基督《キリスト》信徒となりし乎《か》』、岡倉天心《おかくらてんしん》『茶の本』とか、鈴木大拙《すずきだいせつ》『日本的霊性《れいせい》』、山川菊栄《やまかわきくえ》『武家の女性』。わりと新しい方では『きけ　わだつみのこえ』とか、宮本常一《みやもとつねいち》『忘れられた日本人』、無着成恭《むちゃくせいきょう》『山びこ学校』などです。

たとえば、『忘れられた日本人』を読むだけで、農村も戦前、皆、逞《たくま》しく生きていた。おばさんたちは田植えをしながらエロ話をしあい、貧困《ひんこん》を笑い飛ばしながら快活に生きていた。そういうようなことがわかって、皆びっくりします。

他にも内村鑑三『代表的日本人』、福沢諭吉《ふくざわゆきち》『学問のすすめ』『福翁自伝《ふくおうじでん》』も定番です。

そういう本を読ませるだけで、どんどん変わる。
　私は学部や大学院で、数学の講義やゼミもしていますが、この読書ゼミが楽しみです。
安野　読書ゼミで取り上げられた書物は、どれもこれも必読書ですね。たまたま私はNHKの「オーイ日本」の岩手県編にかかわることがあって、にわか勉強で『武士道』を読みました。私たちの世代感覚で「武士道」とは、「敷島《しきしま》の大和心を人とはば朝日に匂《にお》ふ山桜花」という本居宣長《もとおりのりなが》の歌で象徴《しょうちょう》されていました。せっかくの「武士道」が時の政策に利用されていたのかもしれませんが、私は新渡戸稲造のそれも読んでいませんでしたから、義・勇・仁などそれぞれに、戦時中の解釈《かいしゃく》しかできなかったのです。時に遊《ゆう》俠《きょう》の徒の仁義の概念に近いところもある、と誤解していました。それが誤解とわかって嬉《うれ》しかったです。それに、何より文章がいいですね。
藤原　そうですね。武士道は軍国主義と関係ない人の道です。慈愛《じあい》、誠実、正義、勇気、忍耐《にんたい》、名誉《めいよ》と恥《はじ》、卑怯《ひきょう》を憎《にく》む心、惻隠《そくいん》などで、今まさに世界が必要としているものばかりです。

安野　藤原さんの言ってることを『東洋の理想』を著《あらわ》した岡倉天心が聞いたら、どんなによろこぶだろうかと思います。

岡倉天心の本では、『茶の本』（原文は英語）が一番好きです。以前、現代絵画の大先《だいせん》輩《ぱい》アントニオ・タピエスと会ったことがありまして、言葉は通じないのですが、彼《かれ》が『茶の本』のカタロニア語訳がある。手に入らないときはフランス語訳を手に入れて友達に配っている」というのを聞いて、すべてが通じたような気になったことがあります。通訳つきでしたが、タピエスとは白隠《はくいん》の書とか禅《ぜん》のことを話して『茶の本』を讃《たた》えました。

今の私たちから見れば、明治の人間はテレビもワープロも知らない、文明におくれた人たちと見えてもしかたがありません。しかし、文化という点でいうと、私たちは少しも自慢《じまん》できません。明治はおろかピラミッドなど、大昔の人が遺《のこ》した遺跡《いせき》がたくさんのことを物語っています。

『きけ　わだつみのこえ』は不朽《ふきゅう》の名著ですね。これはただ面白《おもしろ》いというわけにはいきません。でも「戦争」というものの不可抗力的《ふかこうりょくてき》な動きというか、歴史的なうねりのなれの果てのような残酷《ざんこく》さについて、感じるところの少なくない本です。書いた人がみんな学生ですから、哲学的な批判や考察、強《し》いて言えば「美談的な思索《しさく》によって心を鎮《しず》めようとしているように見えるもの」を含《ふく》めて、やはり若い人に読み続けてほしい本です。

私はむかしから、『戦没《せんぼつ》農民兵士の手紙』という岩波新書の一冊を大切にしています。今は手に入りません。図書館などにあるでしょう。文章は拙《つたな》いが、それだけに読んでいて涙《なみだ》がでます。その中に残っている、飯盛《いいもり》正さんから弟の孝志《たかし》君にあてた手紙の一部分をあげてみます。

「ブタノ子ガ　タクサン生レテ居ルンダッテネ。ヤギハイナイデスネ。ウサギハ大キクナッタデショウネ。タカシハ　キノコ取リニ行キマシタカ。今ハ雪ノシタ（キノコの名）ガ盛《さか》ンデスネ。」

宮本常一の『忘れられた日本人』では、「土佐源氏《とさ》」が印象に残っています。農民兵士に通底するところがあると思います。あれを読書ゼミに取り上げるのはさすがです。『福翁自伝』は痛快無類《つうかいむるい》で面白いですね。私も最初はただ面白がるだけで、何かを学びとったわけではありませんが、それでもいいと思っています。「酒をのませてやるから勉強しろ」というお母さんとか、初午《はつうま》の日に、祠《ほこら》のご神体をただの石ころと取《と》り替《か》えておいた諭吉のことは、今もはっきり覚えています。そういう合理精神は、学校で習うものではなさそうですね。

『ハックルベリー・フィンの冒険《ぼうけん》』だったと思いますが、ハックの親父《おやじ》は、「子どもを学校で勉強するようにいう奴《やつ》は告訴《こくそ》する」と言うんです。諭吉のお母さんと比べると、正反対ですが、それぞれに面白いです。

先日、ロシアで日本語を教えている人と話していたら、「文学を教材にするとやりにくい」と言うんです。なぜかと聞いたら、「文学作品から引き出した設問に対して、その答えが一通りしかない、という前提ではやりにくい」と。そこで、前提が間違っていると言うと、「最近の日本語教育のテキストがそうなっているのだ」と彼女は言うんです。

それはともかく、大学くらいになったら、文学教材がそのまま日本語教育になっていいと思います。文学以外にいい教材は考えにくいですね。情報を日本語として読むためには、さきに文学で鍛《きた》えて、疑いの目（一種の免疫力《めんえきりょく》、豊かな感受性）をつけておく必要があると思います。昔から創造性の大切さが喧伝《けんでん》されていますが、それは「疑う心」とセットになっているべきだ、とこの頃《ごろ》思っています。

文学作品に接することは、そこに書かれている筋書きのような「ことがら」だけでなく、たとえば詩から受けるような「美しさ」に心を動かされる感情を培《つちか》うことでもあると思います。これが本当に大切で、実用的ではないのですが、さしあたり美的感受性を自分の手でつかむためには、何と言っても本を読むことが大切だと思います。

藤原　そのためには古典教養がいいですね。実は今年、夏休みの宿題として、森鷗外《もりおうがい》の『即興詩人《そっきょうしじん》』を読んでこいと。一週間じゃ読めませんから、夏休み中をかけてです。少し可哀《かわい》そうと思ったんですが。

安野　『即興詩人』を夏休みの宿題にするなんて、すごいですね。もしそれを読破できたら、もう大変な収穫《しゅうかく》ですよ。池田弥三郎《いけだやさぶろう》さんがどこかの女子大に行かれたおり、「入学試験は『即興詩人』の中から出す」と言って話題になったことがあります。

私はここで、『即興詩人』の推薦《すいせん》演説をしたいのですが、須賀敦子《すがあつこ》さんも、お父さんからこれを読むべき一冊の本として勧《すす》められたといいます。近くは森まゆみさんが、その足跡《そくせき》をたどって実測的に読んだ『「即興詩人」のイタリア』という本があります。また、山田風太郎《やまだふうたろう》さんもこの本を「無人島へ持って行く一冊の本」と書かれていました。それを読んで、嬉しくなって「私も無人島に持って行く本だと思っていたので嬉しかったです。返事はいりません」と、書いて葉書を出しました。山田さんはその葉書を捨てないでいてくださって、後に回顧展《かいこてん》が開かれた時、私の葉書が陳列《ちんれつ》されていました。

藤原　夏休み前に、文語にも慣れないといけないと思い、吉田満《よしだみつる》『戦艦大和《せんかんやまと》ノ最期《さいご》』を読ませたこともあります。「まあがんばってくれ」と言って。数日はつぶれるでしょうが。

安野　そうですね。若い人にはがんばってもらうしかないですね（笑）。ちなみに『即興詩人』では、私の言うことを信じて読んだ中で、一番若い人は二十六歳《さい》でした。

それから、『特命全権大使 米欧回覧実記《べいおうかいらんじつき》』を推薦したところ、八十五歳になる方から手紙がきました。「あんなに面白い本に出会えてよかった。あの世への土産《みやげ》になりました」と書いてありました。名前も覚えています。谷中百合子《やなかゆりこ》さんという、たしか岩手県の人でした。

藤原　明治四年から二年間近く米欧を巡《めぐ》り、あちらの政治、地理、社会などを見学した報告書ですね。岩倉具視《いわくらともみ》を全権大使とする一行に、三十二歳で参加した元佐賀鍋島藩士《さがなべしまはんし》久米邦武《くめくにたけ》が書いたものですが、すばらしい観察眼と文章力です。彼の恐《おそ》るべき漢語能力に触《ふ》れると、江戸《えど》時代の藩校《はんこう》の高いレベルがうかがわれます。こういった名文を、強制的にでも読んでいるうちに、本の楽しさもだんだん分かってきます。学期が終わってから、ゼミの学生が自主的に読書ゼミのサークルをすることもあります。

安野　先年、数学の指導要領が変わり、「πが3でいいのか」などと問題になりました。その時、「台形の面積の出し方もなくなっている」と話題になりました。πはともかく、台形の公式は知識として教えるより、見つけやすいことなのだから、公式を教えなくてもいいのではないかと思っていました。教師が教えてしまうのではなく、学生や生徒が自分の努力で見つけていくことのほうが大切だと思います。

よく言われることですが、本と先生の関係もこれに似《に》ています。先生は叱《しか》ったり、ほめたりして教えてくれるけれど、本は無言でそこにあるだけで、働きかけなければ何もしない。

藤原　学生や生徒の見つけたものを尊重することが前提ですね。私も学生の書いたものの中に一か所でもいい所を探し出し、ほめるようにしています。

高校の頃、国語の時間に、加賀千代女《かがのちよじょ》の「朝顔に釣瓶《つるべ》とられてもらひ水」という句の意味を尋《たず》ねられました。「滑車《かっしゃ》の円、釣瓶の直線、朝顔のラッパ状曲面のなす幾何学的《きかがくてき》美しさを詠《よ》んだもの」と私が答えたら、「君が変わっていることだけは分かった」と言って、次の生徒を指名していました。国語のテストでは解答はいつも一つなので、変なことを見つける私はいつもひどい目にあいました。

第二章　国語教育の見直しを！

安野　むかし教員をやっていた頃《ころ》、ローマ字の教科書があって、私にはすらすら読めないし、こんなものやらない方がいいと思っていました。それなのに、子ども達はなんと、ローマ字で印刷したものを、平仮名を読むのと同じ早さですらすらと読むんです。「本を読む」ということは、まず運動神経なんだな、とつくづく思いました。

小学生のような柔軟《じゅうなん》な時代に、目の運動神経で文字を早く、いっぺんにパッと読めるように慣れていくということが大事ですね。慣れていない子は一字一字読むから遅《おそ》いんです。でも慣れれば日に日に、どんどん早くなっていきます。鶴見俊輔《つるみしゅんすけ》さんは、ものすごく早いですね。子どものときから鍛《きた》えているから早いんだと思います。そうやって読み慣れた人は活字を読むのが早い。そういう意味で、いま藤原《ふじわら》さんが女子大生にやらせていることは、本当は小学生にやらせてほしいですね。

藤原　私もそう思います。私はお茶の水女子大学への通勤には、朝、護国寺の駅で下りるんです。護国寺を下りると、講談社がある。二十年ほど前ですが、講談社の屋上から『少年少女世界文学全集』の垂幕《たれまく》が下がっていて、その横に「早く読まないとおとなになっちゃう」と小さく書いてありました。あれを見て、「なるほど」と感激しました。

小学生のうちに読まないと、後になってもう感激しない本というのがあります。同様に、中学校で感激する本、高校で、大人で、といろいろあります。高校で感激するけれども、大人になるとまた別の感激のある本もあります。

だからやはり子どもたちにはどしどし読ませたい。小学生に漱石《そうせき》だって、鷗外《おうがい》だって、論語だってかまわないと思う。どんどん読ませる。

国語教育の目的は、いかにして「自ら本に手を伸《の》ばす子」を育てるか、がすべてだと思っています。小学校で習う漢字を、学年別漢字配当表などで制限しているのは、ほんとに信じられないことです。しかも画数の多いものは高学年、という非科学的基準だから、「目、耳、口」は一年で教えるのに、「鼻」は三年です。「夕」は一年で「朝」は二年、という具合です。だから、二年生の教科書に、「近じょ」「かん字」「人ぶつ」など、ぶざまなまぜ書きが登場するんです。どしどしルビを打ち、読ませてよいと思います。

安野　いま小学校では、「朝の読書」という試みがあると聞きます。朝、学校で最初の三十分くらいを、だまってまず本を読む。それから授業を始めるのですが、かなり効果があるということです。

藤原　小学校で国語がたったの四、五時間なんて、本当に残念ですよね。小学校四年生の国語の時間数を比較《ひかく》してみると、明治時代より少なくなった大正七年で、週に十四時間ありました。

昭和十五年には週に十二時間です。いまは四、五時間。小学校の先生に聞くと、運動会の練習、学芸会の練習などに国語の時間があてられることが多く、実質は三、四時間といいます。戦前に比べ、たったの三分の一です。大正に比べたら四分の一。これでは国語の力はまったくつかない。それで本も読まない。これでは思考力が育たなくなってしまう。

安野　私が子どもの頃は「国語」というところを「読み方」と言いました。まだ漢文素読の習慣が残っていて、全員が声を揃《そろ》え、本を捧《ささ》げ持《も》って朗読するんです。お経《きょう》を読むみたいな感じですね。声を揃えるために一種の節がついていきました。当時、大阪《おおさか》の小学校でやはり朗読をしている場面を、ニュース映画で見たことがあるんですが、この一《いっ》斉《せい》朗読のイントネーションがまるで違《ちが》うので、「なーるほど」と驚《おどろ》いたことがあります。その頃は全国一斉に同じ教科書でしたからね。

その後、教員になったわけですが、当時でも時間は今より多かったでしょうか。

藤原　私が安野《あんの》先生に教わったのは昭和二十年代末ですが、はるかに多かったですね。国語が二時間ある日もありました。いまは二十年前の一九八〇年に比べても半分です。このように急坂を落ちるように減っています。それに伴《ともな》って思考力も落ちていく。情緒《じょうちょ》力《りょく》も落ちていく。そのうちに人を深く愛することすらもできなくなってしまうのではないでしょうか。それくらい落ちてきています。

どうにかして国語の授業を増やし、読書をどんどんさせる。そのために、小学校一年生から漢字を手を加えずに出す。ルビを復活すれば可能です。「破たん」「残がい」などと、醜《みにく》いまぜ書きをする必要もありません。鷗外も漱石も、いまの小中の教科書から完全に消えています。小学生から、鷗外や漱石の比較的やさしい文章でいいから出す。中学生になったらもう少し難しいのを出す。文語もよい。漢文だって小学校で出して構わないと思います。

例えば、「国破れて山河《さんが》あり　城春にして草木深し」とか、「春眠暁《しゅんみんあかつき》を覚えず　処《しょ》処啼鳥《しょていちょう》を聞く　夜来《やらい》風雨の声　花落つること知る多少ぞ」などの漢詩は、意味だって説明すれば小学校高学年なら分かります。そもそもリズムが美しいので覚えやすい。「身《しん》体髪膚《たいはっぷ》これを父母に受く、敢《あ》えて毀傷《きしょう》せざるは孝《こう》の始めなり」とか「玉琢《たまみが》かざれば器を成さず、人学ばざれば道を知らず」のような名言だっていい。小学校で歌のように教えれば、子どもは喜んで覚えるようです。大人にほめてもらえるからさらに嬉《うれ》しい。われわれに覚えろと言われたら苦痛ですけれど。

安野　近年、栗田亘《くりたわたる》さんが『漢文を学ぶ』という面白《おもしろ》い本を出しました。「国破れて山河あり」につづく、「家書万金《ばんきん》に抵《あた》る」（旅先で受け取る家族からの手紙は、万金の値うちがある）などが載《の》っています。名文がいろいろあって、断片的《だんぺんてき》だけど解説がユニークで面白いんです。先に触《ふ》れた『戦没農民兵士の手紙』などはまさに、その「万金の家書」と返事です。戦場の兵士と、家の妻子とが、一通の手紙文でつながっていると思うと感動します。

津和野《つわの》にできた私の美術館には、お習字の作品が沢山貼《たくさんは》りだしてありますが、みんな『漢文を学ぶ』が種本です。子どもの作品であるかのように書いたのは私で、それぞれ字を変えて、書いたとする子の名前も来館者のノートから拾って書きました。少しだけあげてみます。

「山高きが故に貴からず、樹あるを以て貴しと為す」（やまたかきがゆえにたっとからず、きあるをもってたっとしとなす）

「読書百遍義自ら見わる」（どくしょひゃっぺんにして、ぎおのずからあらわる）

「小人の過つや必ず文る」（しょうじんのあやまつや、かならずかざる）

「高山に登らざれば、天の高きを知らざるなり」（こうざんにのぼらざれば、てんのたかきをしらざるなり）

子どもの記憶力《きおくりょく》というのは、大人が考えるよりもはるかに容量が大きくて、何かを記憶すると他の記憶の邪魔《じゃま》になる、ということはないらしいです。

大陸の中国でもそうですし、日本でもそうですが、漢字制限をしたり、略字を作ったりして、教育に便利になるように図《はか》っています。その結果はどうかというと、文字を簡略化するたびに、世代間に一種の段差ができます。世代くらいならまだいいのですが、古典との間に開きができます。

台湾《たいわん》はどうかというと、頑固《がんこ》に旧漢字で押《お》し通《とお》しています。台北《タイペイ》へ行って看板を読むと、例えば支廳《しちょう》（支庁）、醫院《いいん》（医院）、鐵道《てつどう》（鉄道）などが旧漢字なので、私などはむかしの小学校時代を思い出してなつかしいんです。台湾の子ども達はさぞ大変だろうと思いがちなのですが、彼らはまったく意に介《かい》さずちゃんと読んでいるし、日本人と同じように遊ぶ時間もちゃんとあります。片仮名や平仮名はないので、いわゆる漢文を読んでいるんですから驚きです。

しかも、彼らは子どもでも、漢字を分解して、竹冠《たけかんむり》はしかじか、これとこれが集まるとこういう意味になる、というぐあいに説明することができます。日本に来たら、漢文の先生ができそうです。

藤原　そうなんですよね。漢字は仮名より難しいと、大人が勝手に思っているだけらしいんですよ。

石井勲《いしいいさお》先生という、去年八十七歳《さい》で亡《な》くなられた先生がいます。私は天才だと尊敬している方ですが、漢字についていろいろなことを発見なさいました。

例えば、「鳩《はと》」という字がありますよね。「鳩」という字と、「鳥」という字と、「九」という字。子供の前に三つ並べると、最初に読めるようになるのは「鳩」、その次は「鳥」で「九」が最後になるという。子どもにとって字画数は関係ない、具体的なものはアッという間に読めるようになってしまうという。

安野　いまのは面白いですね。「鳩」から「鳥」、「九」……。

藤原　だんだん難しくなる。彼は漢字カードというものを作りました。

実は、私はなぜか長男が幼い時だけ教育パパだったんです。次男三男はどうでもよかった（笑）。長男が四歳くらいの時に、その漢字カードを買いました。出てくるのは、「林檎《りんご》」「麒麟《きりん》」「豆腐《とうふ》」「葡萄《ぶどう》」といったものばかり。四歳の長男が、すぐに全部読めるようになり、さすが藤原家の長男と思いました。ところが、「右」「左」「上」「下」、これが全然読めない。もう藤原家もこれまで、と焦《あせ》ったくらいです（笑）。抽象的《ちゆうしようてき》なものはダメだけど、具体的だとさっと覚えてしまうということです。

大人が勝手に、画数に比例して難しくなると言っているだけです。いまはパソコンがありますから、「林檎」「麒麟」「葡萄」を書けなくてもよい。読めればいい。そう考えたら常用漢字の読みなんて、小学生でも教えさえすれば朝飯前です。

漢字能力は、現在の中学三年生と、戦前の小学六年生がほぼ同じと言われています。書けなくてもよいことにしたら、今だって小学校で常用漢字くらいは簡単にできてし

林檎
麒麟
葡萄
薔薇
大人が思うより
小学生は
漢字が読める

まうのでは。容赦《ようしゃ》せずに漢字を覚えさせれば、読書への抵抗感《ていこうかん》は非常に少なくなります。

安野　私は子どものころ、「亀《かめ》」という字と「鹽《しお》」という字を書けるのが自慢《じまん》でした。なぜかというと、買ってもらった子ども用の漢和辞典で、おしまいの方から覚えたんです。一番画数の多いのが「龜《かめ》」で、次が「鹽《しお》」でした。それをいまでも覚えていますが、ほとんど隠《かく》し芸《げい》のレベルで実用にはなっていません。

でも「薔薇《ばら》」とか「蒲公英《たんぽぽ》」「紫陽花《あじさい》」「車前草《おおばこ》」「百日紅《さるすべり》」など、いわば当て字っぽいものを覚えられて嬉しかったですね。

藤原　石井勲先生というのは国語学者ではなくて、もとは高校の国語の先生です。それで物足りなくて、中学の先生になって、それでも物足りなくて小学校の先生、最後は幼《よう》稚園《ちえん》の先生になりました。それで実験を続けたんです。「鳩」「鳥」「九」の話は、『幼児は「漢字」で天才になる』という著書にあります。漢字を勉強すると頭が良くなる、という大胆《だいたん》なことまで言っておられます。

「鳩」や「鶴《つる》」を覚えた子は、鷹《たか》や鷲《わし》を見ると、「鳥の仲間だな、何という鳥だろう」と考えますが、この類推がよいそうです。数学でも独創の本質は類推ですから、私などはなるほどと思ってしまいます。

安野　石井勲先生のお仕事はうわさで聞いたことがありますが、あれは発見です。大人の子どもに対する認識の誤解を正したら、それが発見になったという衝撃的《しょうげきてき》な話です。

この間NHKラジオで聞いたのですが、「うちの子は魚へんの文字なら、鯛《たい》でも鯖《さば》でも何でも読めるし書けます。魚へんの字のテストをやってくれたら、満点なんですのに」と、小さい子をもつお母さんが言っていました。

また、先に話した、ロシアで日本語を教えている人は実は私の教え子で、ロシア人と結婚《けっこん》しています。生まれた子どもを、お母さんと話す時は日本語、お父さんと話す時はロシア語というふうに育てたらしいんです。すると、完全なるバイリンガルになった。三歳くらいですが、父と母の間に入って通訳をするらしく、聞いていると思いがけないほど優《すぐ》れた通訳をするんだそうです。四人で育てれば、四か国語のバイリンガルになるでしょう。私の子でも、おばあちゃんの方言を覚えていましたからね。

だから、〝子どものため〟なんて考えすぎて、かえって迷惑《めいわく》をかけている場合もあります。

藤原　中国は、恐《おそ》ろしいほど簡略した文字を使うようになってしまいましたが、伝統との断絶が起きています。古い掛《か》け軸《じく》が誰《だれ》も読めなくなって、日本の漢文の先生のところに来たりもするそうです。韓国《かんこく》だって、素晴《すば》らしい文化を持っていたのに、ハングルに統一したため断絶してしまいました。つい百年前のものさえ読めません。

安野　先に話した諭吉《ゆきち》も子どもの頃、四書五経《ししょごきょう》をやり、確か大坂《おおさか》の塾《じゅく》だったかへ行って、論語の解釈《かいしゃく》の違いを論じて先生とわたりあった、というんです。

鷗外もそうで、小学校の年齢《ねんれい》ですでに四書五経を了《お》えている。十三歳で論語をマスターしたといいますが、疑い深く見ても、朗誦《ろうしょう》暗記くらいはしたかもしれない。江戸から明治にかけての先輩《せんぱい》たちは皆《みな》そうでした。私などは荷が軽いほうがいいと思うから、偉《えら》いなとは思うけれど、あまりうらやましくは思わなかったんですが（笑）。

最近、友達の中易《なかやす》という人が巌谷《いわや》小波《さざなみ》の『こがね丸』という本を送ってくれました。これは私が子供の頃読んだ本なのですが、題名も作者も同じなのに文体は違いました。これは、その原文ともいえる文語体による『こがね丸』なんです。冒頭《ぼうとう》のところを少し読んでみましょう。

「むかし或《あ》る深山《みやま》の奥《おく》に、一匹《いっぴき》の虎《とら》住みけり。幾《いく》年月をや経たりけん、軀《からだ》尋常《よのつね》の犢《こうし》よりも大きく、眼は百錬《ひゃくれん》の鏡《かがみ》に似《に》て、鬚《ひげ》は一束《ひとつか》の針を欺《あざむ》き、一度哮《ほ》ゆれば声山谷《さんこく》を轟《とどろ》かして、梢《こずえ》の鳥も落ちなんばかり、一山の豺狼《さいろう》麋《び》鹿《ろく》、畏《おそ》れ従はぬものもなかりしかば、ますます猛威《もうい》を逞《たくま》うして、自ら金眸《きんぼう》大王と名乗り、数多《あまた》の獣類《けもの》を眼下に見下して、一山万獣の君とはなりけり。」

いい調子なので途中《とちゅう》でやめるのが惜《お》しいくらいですが、まあこのくらいにしましょう。今の子どもには難しい言葉もあるけれど、同じ文語体でも、これはわかりいいほうです。復刻したいくらいです。

藤原　湯《ゆ》川《かわ》秀樹《ひでき》さんも私の父（作家・新田《にった》次郎《じろう》）も、学校に入る前から朝早く廊下《ろうか》に正座して、おじいさんに四書五経を読まされたそうです。意味の説明もなく読まされるのだから、わかるはずがない。わからないまま、ただ言われたとおりに大声で読むだけです。でも、湯川秀樹さんなんかは素読をしたおかげで、漢字に対する恐れがなくなったという。そして、本が好きになったという。読書に対する抵抗感の一つは漢字だからです。老子とか荘子《そうし》とかを片《かた》っ端《ぱし》から読んだことが、中間子理論の発見に役立った、とまでおっしゃっています。

このように、昔はたとえわからなくても、ともかく読ます、ということをやっていた。ところが戦後、わからないまま読ませるのは下らない、何の役に立つか、というアメリカ的発想が出てきて流行《はや》らなくなりました。最近では誰もしません。論理的に説明できないことは、「非論理的」として捨てる、というのがアメリカ流です。とても大切な事柄なのに論理的に説明できない、あるいは説明しづらい、ということがいくらもあることに、アメリカ人はなかなか気付きません。たとえ理解できなくとも、漢詩や名言などを暗誦する、朗誦するというのは、脳の発育にとっても素晴らしいこと、と私は確信しています。科学的説明にはもう少し時間がかかるでしょうが。

安野　その時はわからなくても、記憶のなかに留《とど》まって、大人になってわかるということがあります。

いまにして思うと、暗誦というのは馬鹿《ばか》になりませんね。その効果が出てくるのには時間がかかります。潜伏《せんぷく》期間が長い。鷗外がドイツへ行ったのが二十二歳でしたか、そのころになって効いてきて、『独逸《ドイツ》日記』なんかは漢文で書かれているため、私には読めません。

サトウ・ハチローが書いたコラムとして覚えているんですが、「甍《いらか》の波と雲の波重なる波の中空《なかぞら》を　橘《たちばな》薫《かお》る朝風に」などと言ったって、子どもには何のことかわからない。だから、子どもにわかりやすい歌を教えねばならないと。聞いていると、その説がもっともだと思えてきますが、これも潜伏期間の問題で、私も今唱えてみるとみんなわかります。

「うさぎおいしかのやま」で、うさぎが美味《おい》しいという意味なんだろうと覚えていたという人がだいぶいますが、それでよいと思うんです。

あの故郷《ふるさと》の歌は「如何《いか》に在《い》ます父母　恙《つつが》なしや友がき」などと歌います。六年生で習いますが、その内容は「志を果たしていつの日にか帰らん」という具合に成人した後の歌です。つまり、当座はその意味はわからなくても、記憶の中に沈殿《ちんでん》して、大人になってわかってくるということがあります。

それから、『春の小川』の歌詞も「さらさらながる」を「さらさらいくよ」に変えてしまったんです。あれは昭和十七年でした。戦後に変えたのかと思っていましたが、戦前なんですね。

藤原　子どもに分からせようと古典を変えてしまうのは、犯罪的だと思います。分からなくてもよいと思って教えるべきです。

私なんか「箱根の山は天下の険　函谷関《かんこくかん》も物ならず」の意味が、つい先日までわからなかった。何かのついでに調べたら、函谷関とは中国河南省《かなんしょう》の険しい山地にある、交通の要衝《ようしょう》の名前で、「物ならず」とは比べ物にならないという意味らしい。「蛍《ほたる》の光　窓の雪」はいいけど、次の「ふみ読む月日　重ねつつ」の「ふみ」はずっと「書」でなく「文」と思っていました。「いつしか年も　すぎの戸を」は「過ぎ」と「杉」の掛詞《かけことば》とは思わず、一方的に「杉の戸」と思っていたし、次の「あけてぞけさは」の方は、「開けてゾケサワ」と無意味なまま歌っていました。正しくは「ぞ今朝は」で、「ぞ」が係り結びだなんて、五十歳近くまで夢にも思いませんでした。小学生はほとんどみな私程度だったのではないでしょうか。でも片っ端から暗唱した唱歌や童謡《どうよう》は、今では私の宝物です。

　後年、ケンブリッジ大学で研究していた時のことですが、正式ディナーなどで、右も左も前も皆ノーベル賞なんていうこともありました。そんな時は鼻っ柱の強い私も、さすがにヨーロッパの知性に圧倒《あっとう》されそうになります。そういう時には、「小諸《こもろ》なる古城のほとり　雲白く遊子悲しむ　緑なす蘩蔞《はこべ》は萌《も》えず　若草も藉《し》くによしなし」と、心の中で唱えていくのです。「暮れ行けば浅間も見えず　歌哀《かな》し佐久《さく》の草笛」あたりになると、身も心もギューッと引《ひ》き締《し》まる。

「よし。俺《おれ》は信州のあのような美しい自然と美しい情緒のもとで、遥《はる》かなる草笛を聞きながら育ったんだ。お前たちにはそれはあるまい」と、やっと踏《ふ》みとどまるんです。そして、また翌日から必死に研究する。

このように、外国で剣《けん》が峰《みね》で戦うような時には、他にすがるものが何もない。そうすると日本の昔からの伝統とか文化とか美しい情緒が、祖国の誇《ほこ》りを生み、自分を支えてくれます。「小諸なる古城のほとり」を学生時代に暗唱していると、大人になってから何かの折《おり》に胸から湧《わ》き上《あ》がってきて、これが力になる。

安野　あの歌はふしぎですね。わたしは小諸へ行ったことがありません。千曲川《ちくまがわ》は描《か》きましたが、古城のほとりはあの詩でしか知らない。でも唱えていると、何か心がふるえてきます。「過《いに》し世を静かに思へ　百年《ももとせ》もきのふのごとし」というくだりになると、もう感無量です。その頃の藤村《とうそん》は三十歳ですかね。百年とは、ちょうどこの前、日本海海戦百年を迎《むか》えたばかりですから、やはり感無量ですよ。

私は、それほど劇的《げきてき》ではないけれど、ヨーロッパを一人旅していて帰りたくなると、車の中で「朝はふたたびここにあり、朝はわれらと共にあり」と車の中で大声で歌うんです。すると、元気になる(笑)。言葉のマジックでしょうか。それに続く「きょうの命の戦闘《たたかい》の、よそおいせよと叫《さけ》ぶかな」なども、なんと感動的なんでしょう。

第三章　日本人特有のリズム

藤原　話は変わりますけれども、日本人は素数が好きなんです。五七五とか五七五七七とか。五も七も素数だし、五七五を足すと十七、これも素数です。五七五七七を足すと三十一と素数です。三三七拍子《びょうし》も足すと十三と、みんな素数。日本人はなぜか素数が好きなんですね。不思議に思います。日本人にはこのリズムが合う。

例えば、俳句はなぜ五七五なのか。和歌はなぜ五七五七七か。どちらも定説というものはないようです。

音楽的に四拍子だからという人もいます。「古池や蛙《かわず》とびこむ水の音」では、以下で一字を八分音符《おんぷ》とすれば、

①フル｜②イケ｜③ヤ○｜④○○｜、①カワ｜②ズ○｜③トビ｜④コム｜、①ミズ｜②ノオ｜③ト○｜④○○｜、と考えると、四拍子になります。私はちょっと違《ちが》う考え方もできるのではないかと思っています。字数が五から八くらいまでの言葉は、日本語の場合は二群に分かれる。例えば、古池＋や、蛙＋とびこむ、水の＋音、と二群に分かれます。五とか七などの奇数を二群に分けると、必ずそれらは偶数《ぐうすう》と奇数《きすう》になります。

　ところが、もし俳句が六八六だったら、様相が異なります。足して六とか八などの偶数になるのは、奇数足す奇数あるいは偶数足す偶数です。そうすると偶偶偶偶とか奇奇奇奇とかの配列が生まれ、躍動感《やくどうかん》のあるリズムにならない。奇数と偶数という異質なものの組み合わせが、凹凸《おうとつ》を作り、抑揚《よくよう》のない日本語にアクセントを加えている。これが私の仮説なんです。

安野　日本語のリズムは知らぬ間に身についているらしくて、奇数偶数の関係までは考えませんでした。啖呵《たんか》売《ばい》といいますが、あれは短歌売だったのかもしれないですね。寅《とら》さんじゃないけれど、「信州信濃《しなの》の新そばよりも、あたしゃあなたのそばがいい、お前百までわしゃ九十九まで、ともにシラミのたかるまで」などとやるこれも七五調ですね。「旅行けば駿河《するが》の国に茶の香り」などの浪花節《なにわぶし》なんぞもそうですが、自然と日本語のリズムになっていて、そうでないものを作ろうと思っても無理ですね。

藤原　万葉集には防人《さきもり》の歌や東歌《あずまうた》など、庶民《しょみん》の歌が山ほどあります。四千五百のうちの半数以上が庶民の歌で、作者不詳《ふしょう》はほとんど庶民の歌。

あの頃《ころ》は、五七五七七のようなリズムで、日本人が話していたようですね。恋の告白も、歌でないとダメだったらしい。これなら庶民も本気になります。万葉集が完成したのは奈良《なら》時代ですが、奈良時代の百年以上前の歌もあります。エリート、貴族、僧侶《そうりょ》以外はほとんど字が書けなかったから、作者不詳の中には、字を書けない民もかなりいたのではないでしょうか。他国にこんな例を聞いたことはありません。驚異的《きょういてき》な現象ではないでしょうか。

安野　以前、沖縄《おきなわ》の八重山諸島《やえやましょとう》の石垣島《いしがきじま》でしたが、満月の夜、「トバルマ」とかいう歌

信州信濃の新そばよりも
あたしゃあなたの
そばがいい
って
ねェ…いい短歌だァ

の大会を見たことがあります。あれは相聞歌《そうもんか》ですね。原初的には畑で働いている人に、こちらから恋心《こいごころ》を五七五七七で呼びかける。すると、たちどころに同じ五七五七七の節で返す。遠くですからかなり大きい声で呼びかけなければなりません。

大会の時は、必ずしも恋歌ばかりではありませんでした。昔のことですから「本土復帰を願う歌」を唱える人があって、言葉はよくわからなかったけれど、集まった人からすごい拍手《はくしゅ》がおこって感動しました。

藤原　歌でないと愛の告白もできないなんて言ったら、安野《あんの》先生みたいに百人一首で鍛《きた》えた人は有利ですね（笑）。

安野　以前、『片想《かたおも》い百人一首』という本を書きました。上の句が私の創作で下の句が小倉百人一首、合わせて一つという具合にする。だから「片想い」としゃれているんですが、これも初めての試みでした。

どうしてそんなことを思いついたのか、と聞く人がいろいろありましたが、それはなぜか、自分の胸に聞いてみてもわかりません。ある日、突然《とつぜん》に思いついたんです。

私たちは五七五七七のリズムの中に生きている、という潜在的《せんざいてき》な条件があります。また子どもの頃、百人一首で遊んだという、これまた潜在化した体験があります。すると、

古池や　犬が西むきゃ　みずのおと
われても末に　蟹《かに》とたわむる

というように、全くでたらめにつないでも、不思議となんだか意味ありげなものになります。

藤原　それくらいなら、この私にもできそうです。

安野　五七五の不思議です。それができるのなら、上をつくって下の句と結び合わせると面白《おもしろ》いのではないか、と思いついて、できあがったのです。

でも、本にするには荒唐無稽《こうとうむけい》でもいけないので、飛躍《ひやく》はあるにしても、もっともらし

い句にしないといけない、と思って作りました。面白いもので、頭にそういう偽《にせ》短歌というエンジンがかかってくる時は、よくできます。でも、いったんそのエンジンが停止すると、できなくなって苦吟《くぎん》するようになりました。以下に少しですが紹介《しょうかい》してみます。

ノシャップの望楼《ぼうろう》描けば風立ちて
わが衣手に雪は降りつつ

これは司馬《しば》遼太郎《りょうたろう》さんの取材に同行したときのことです。

ともだちの家の残りてふるさとは
花ぞむかしの香に匂《にお》ひける

津和野《つわの》の感慨《かんがい》、実際に家があります。

石くれに同行二人《どうぎようににん》の墓碑《ぼひ》彫《ほ》りし
人の命の惜《お》しくもあるかな

これは、畏敬《いけい》する岩崎徹太《いわさきてつた》ご夫妻《ふさい》の墓です。

月は晴れ心は闇《やみ》の切り通し
逢《あ》はでこの世を過ぐしてよとや

「婦系図《おんなけいず》」湯島天神の場です。

藤原　実に面白そうですね。では、私のヘボ句と百人一首をくっつけて一つ、

立ちつくす青田ににじむまで
人しれずこそ思ひそめしか

安野　ヘボ句とおっしゃいますが、これは前の句だけで一人立ちしていますよ。「恋すてふわが名はまだき立ちにけり」よりも直感的でせつないです。実は、悪のりして『大志の歌』という歌集を作ったばかりなんです。これは、蝦蟇《がま》とか蝙蝠《こうもり》とか百足《むかで》とか、そういう生き物の学校があったと仮定して、そこの校歌をつくったんです。その一部を見て下さい。

私立　蝙蝠《こうもり》中学校　校歌（3、4番）

天空はるか　天《あま》の川《がわ》

天女《てんにょ》の吹《ふ》くや　笙《しょう》の笛《ふえ》
いま洞窟《どうくつ》の　夢さめて
飛ぶ蝙蝠の　群《む》れを見よ

ここに無限の　宇宙あり
希望の星の　きらめける
この大空に　羽ばたかん
ああ　蝙蝠の我《わ》が母校

茨城県筑波《いばらきけんつくば》山村《さんむら》私立　蝦蟇《がま》高等学校　校歌（1、5番）

前を流れる櫻川《さくらがわ》
後ろは深き筑波山

蓮咲《はすさ》く沼《ぬま》のほとりこそ
わが故郷《ふるさと》の誇りなれ

霞ケ浦《かすみがうら》を遠く見て
天に誓《ちか》いをたてし日の
熱き涙《なみだ》は　わが形見
ああ、筑波山わが母校

藤原　蝙蝠中学に入りたくなりました（笑）。力強くスケールの大きい、すばらしい校歌です。天女が出てきて色気さえあります。

安野　明治の頃の新聞の文章はほとんど七五調でしたが、小説にも七五調で文章を整えている例がありました。その頃の新聞は、大人が声を出して読んでいました。

しかし、声に出すのが一種の習慣になって、音読にしないと読解できなくなる人もあるので、多少注意が必要です。

そこへくると、わたしは外国の詩はわかりません。第一読めないので、言ってみてもはじまらないのですが、あれは調子というより、言葉の韻《いん》がかもしだすリズムがあるように思いますがどうですか。

藤原 その通りです。行末に同じ音を置くことでリズムがでます。例えば、red, head, dead, bread などを文末に配します。欧米人《おうべいじん》は好むようですが、私には「無理しているなあ」とか、「駄洒落《だじゃれ》っぽい」と思えることもあります。リズムは確かに出るのですが。

安野 上田敏《うえだびん》の『海潮音《かいちょうおん》』は、完全に創作と言ったほうがいいのではないかと思います。井伏鱒二《いぶせますじ》は『厄除詩集《やくよけししゅう》』に、于武陵《うぶりょう》の詩「勧酒《かんしゅ》」の「花発多風雨　人生足別離」を「ハナニアラシノタトヘモアルゾ、サヨナラダケガ人生ダ」と訳して人々をうならせましたが、あれは、本当に見事ですね。

このような漢詩の日本語訳は、他にもいろいろ試みられていますが、なかなか面白い。何しろ漢詩なので、訳を知らない時は圧倒《あっとう》されるんですが、こういう訳になると「なんだ、そういうくだけた詩だったのか」と安心するんです。そして、詩の本当の姿が見えて嬉《うれ》しくなります。

子夜呉歌《しやごか》　　李白《りはく》

長安　一片《いつぺん》の月
万戸《ばんこ》　衣《ころも》を擣《う》つの声《こえ》
秋風《しゆうふう》　吹き尽《つ》きず
総《す》べて是《こ》れ玉関《ぎよくかん》の情
何《いず》れの日か胡虜《こりよ》を平らげて
良人は遠征《えんせい》を罷《や》めん

という詩も、本当は親しみやすいのに、試験で縛《しば》られた漢文の理解では、難しくなるという気がします。私は正式に漢文を習っていませんので、経験則で推《お》し量《はか》るだけですけれど、むかしの「ひとりでているお月さま、窓でみているこのわたし、とぎれとぎれの針しごと」という、通俗的《つうぞくてき》な「ああそれなのに」という流行歌を連想していました。

藤原 『即興詩人《そっきょうしじん》』も似ていませんか。

安野 そうです。あれは、原作よりも良いという評判がありますが、翻訳《ほんやく》なので、原作よりも良いといえるかどうか、という問題があります。まだ読んでいない方に言いたいのですが、大畑末吉の口語訳と森鷗外《もりおうがい》の雅文体《がぶんたい》とがあり、どちらも岩波文庫で出ています。ちくま文庫にも鷗外全集があって、その中にも『即興詩人』の一冊があります。これは脚注《きゃくちゅう》が読みやすくできています。

アントニオというやや優柔不断《ゆうじゅうふだん》の男と、親友のベルナルドオの二人が、アヌンチャヤタという歌姫《うたひめ》を争います。実はアントニオは失恋《しつれん》しているわけではないのに、自らそのように思いこむ結果を招《まね》いてイタリアをさすらうことになるんですが、終わりのころにベニスでアヌンチャヤタと劇的《げきてき》に再会することになります。率直《そっちょく》に言うと、そこで出会ったらもうあとはいいから、ぷっつりとやめてもらいたいという気がしますが、話はもう少し続きます。

これは、口語体で読むと大したことはなくて、文語体で読むと実に美しいものになるという特別珍《めずら》しい作品だと思います。私は、文語体になっているぶんだけ、原作よりはよいのではないかと思っています。とにかく波瀾万丈《はらんばんじょう》で、読み出したらやめられないし、日本語の美しさが誇《ほこ》らしくなるほどの作品です。

読んでほしいので、ついでに宣伝しますが、吉井勇《よしいいさむ》作詞で「命みじかし恋せよ乙女《おとめ》」と歌う『ゴンドラの唄《うた》』の出典はこの『即興詩人』です。そう言えば読んでもらえるのではないでしょうか。

藤原　ストーリーだけで言ったら、通俗小説です。それを格調高い芸術にしてしまう。文語それ自体のもつ高い芸術性と、森鷗外の天才ですね。彼《かれ》の訳を見ると、日本語の豊かさが感じられます。筋書きは大したことはなくとも、人を酔《よ》わせるような文章があれば、文学として立派に成立する、ということを証明した作品でもあると思います。現代文で人を酔わせることは至難《しなん》ですから、文語の絶大なる威力《いりょく》を示したものと思います。

第四章　日本語は豊かな言語

藤原　シェークスピアは、四万語を駆使《くし》したと言われています。すごいと思うけれど、しかし日本語というのは中学生用の国語辞典を見たって五万語くらい出ています。広辞苑《こうじえん》は二十三万語です。

森鷗外《もりおうがい》などは、数十万語は使えたのではないでしょうか。『即興詩人《そっきょうしじん》』は私にとって、英語の本を読むよりも難しい。初めて見る単語が一ページに十も出てきます。漢字だから想像がだいたいつくのですが。鷗外は五歳《さい》で論語の素読を始め、七歳から津和野《つわの》の藩校《はんこう》である養老館《ようろうかん》で四書五経《ししょごきょう》を勉強したわけですが、すごいですね。漢詩の勉強は、東大医学部在学中も続けているのだから、年季が入っている。シェークスピアの十倍の語彙《ごい》は使いこなせたのではないでしょうか。日本語の言語としての豊かさは、呆《あき》れるほどです。漢語に大和《やまと》言葉に、さらにいろいろな言葉が入ってきています。漢字は組み合わせればいくらでも新語を造れます。造語能力は世界一でしょう。

ある調査によると、英語とかフランス語とかスペイン語は、千語覚えていれば八〇％わかる。ところが日本語の場合、同じ八〇％わかるために五千語知らないとわからないらしい。では、九五％わかるためにはどれくらいかというと、さっき言った三か国語では五千語だというんです。ところが日本語は、二万二千語知らないとわからないという。欧米《おうべい》に比べて、五倍ほどの言語を用いているということです。

なぜ、言語量が多いかというと、たとえば、車に関してだけで、「空車」「駐車《ちゅうしゃ》」「停車」「対向車」とか、いろいろあります。これらに対応する英単語はない。「対向車」なんて、「逆の方向の路線をこちらに走ってくる車」と言うほかない。

日本はどんどん造語で言語を豊かにしてしまう。そして、それらを片《かた》っ端《ぱし》から駆使するわけですから、天下一品の言語です。

安野　新しい概念《がいねん》が生まれると、それを言い表す新しい言葉を用意しなければならなくなります。数学でも、日本語にはなかった概念規定が必要になるでしょう。

藤原　そうです。ただ、本質的でないことを言語化してしまうことが時々あります。そういうのは、美しい理論に登場して役割を果たすということがないんです。

安野　そうなんですか。

藤原　したがって、自然に淘汰《とうた》されてしまう。本質をピチッとついた、簡潔な言葉が生き残ることになるんです。

安野　以前、確率を子どもにわからせようとして、「確からしさ」と言ったことがありましたが、ある程度普及《ふきゅう》したらしいですね。でも、本質的ではなかったから、淘汰される運命にありました。言葉をやさしく言《い》い換《か》えてみても、確率の考え方そのものがやさしくなるわけではないですから。数学に限らず、実体の方は変わらないのに、言葉を換えてみると言う例があります。強姦《ごうかん》と言わずに暴行と言い表すなんて、逃《に》げていて卑怯《ひきょう》だと思います。

藤原　そうですねえ。明治のころは「民主主義」とか「哲学《てつがく》」とか、「国際」「科学」「思想」「概念」「解剖《かいぼう》」「社会」とか実にすばらしい造語を用意しました。「腺《せん》」とか

「膵《すい》」なんていう字まで創作してしまった。だから中国などに向けての言葉の輸出国になっちゃった。

安野　多少自慢《じまん》めいて言うと、新しい概念に拮抗《きっこう》するだけの考え方が、日本には一応あった。だから造語もできたと……。

藤原　しかも本質的に、しかも美しく翻訳しました。「哲学」なんて見事ですよ。

安野　後から生まれたわたしは「哲学」とか、「抽象《ちゅうしょう》」などという言葉は昔からあったものだと思い、それを生み出す苦心などには思《おも》い至《いた》らなかったんですが、西周《にしあまね》が造語したんです。

藤原　安野《あんの》先生と津和野で同郷の……西周。

安野　そうなんです。津和野で同郷というのは嬉《うれ》しいですね。あの人は一八六二年、三十三歳のときにオランダのライデンに留学していますが、江戸文化を背景にした新鮮《しんせん》で対等な目で、西欧の文化文明にふれることができたのだろうと思います。調べてみると、「主観」「客観」「本能」「概念」「観念」「帰納」「演繹《えんえき》」「命題」「肯定《こうてい》」「否定」「理性」

「悟性《ごせい》」「現象」「知覚」「感覚」「総合」「分解」など、西周にはたくさんの造語がありました。

藤原　西周や森鷗外の学んだ津和野の藩校は、よほどすごかったんですね。いまの人じゃとても無理ですよ。江戸の文化が、すごく高かったということでもありますね。いま西周がいたら、アイデンティティー、トラウマ、アクセス、インフォームドコンセントなど、見事に漢語にしてくれるのに……。

安野　絵で言えば、印象派の人達は、日本の浮世絵《うきよえ》に傾倒《けいとう》し始めていました。私などはそう聞いてもまだ、フランス美術の方がよいと思っていましたし、数学者の建部賢弘《たけべかたひろ》とか関孝和《せきたかかず》についても、あなたから話を聞かないうちは、江戸文化にうまくつながらなかったんです。

藤原　あの人たちは鎖国《さこく》という状況《じょうきょう》の中で、世界に劣《おと》らない数学を作り上げました。ただ、建部賢弘がオイラーよりずっと早く、逆タンジェントの級数展開を得ていた、と言っても欧米人はなかなか信用しません。数学の芽はすべて、インド・ヨーロッパ語族が

主観も客観も
本能も理性も
思想も哲学も
科学も
社会も
日本製の
漢語です
日本語は
天下一品の天晴です!!

作った、と信じたいようです。

英米露《ろ》などは、武力で日本を植民地化しようと思えばできたかもしれない。でも、江戸の町で本の立ち読みをしている庶民《しょみん》がいるのを見て、「この国はとても植民地にはできない」と思ったという話があります。当時の江戸の識字率は五〇％と言われ、最先進国の首都ロンドンの二〇％に比べても、圧倒的でした。文化の高さは防衛力にもなるということですね。

安野　数学の言葉の世界というものがありますね。例えば確率とか、直線とか。それらは言葉になっているのですから、人間にとってわかった世界というか、人間がすでに到《とう》達《たつ》した世界ですね。到達したら言語化する。そして私達にもその部分を見せてもらえる。

いろいろな人がアタックするんだろうけれども、例えば人跡未踏《じんせきみとう》の山の上は言葉にしようにもできない。数学者は、そのまだ言葉になっていない世界を目指すんですね。頭で登山をするんだから……。

藤原　そうですね。第一章で、学問とは語彙の獲得《かくとく》と言いました。新しい語彙を得ると、そこからまた新しい世界が開けるという感じです。神様はどこまでいってても「もうそこまででよい」と言ってくれないので、学問の発達は止まらないどころか、分からないことがどんどん増えていく感じです。言葉もどんどん増えます。

安野　ある時から、ファジーという言葉がよく使われるようになりました。初めて新しい言葉に出会った時は、恥《はじ》もかまわず聞けばいいんですが、相手との関係でそれもできないことがあって、間違《まちが》ったまま使っている例も少なくありません。ある時、私がエルベ河に立っていて、土地の人から「そこは昨日は河だったんですよ」と言われたことがありました。あの河の上流のほうは護岸工事がしてないから、河幅《かわはば》は水の量によって増減するんです。家の塀《へい》などに「一九〇二年にここまで水が来た」という印がしてありました。河といっても、最大と最小は決まっているが、河幅は日々変わる。これもファジーなのかな、と思いました。ただし護岸工事をやると、河はファジーでなくなり、むしろ水害を招くことになります。

藤原　フィールズ賞受賞の小平先生はかつて、「日本語はあいまいだから、数学を創るには有利だ」という趣旨《しゅし》のことをおっしゃいました。あまりぎちぎちしていない分だけ、想像がふくらむ、ということです。それも一因で、日本人は数学では独創的です。

あいまいということについて言えば、この前何かで読んだんですが、中国人が日本文学を訳すのに、非常に苦労をするらしい。あちらには、擬声語《ぎせいご》とか擬態語がないという。たとえば、「パクパク食べて、ガンガン飲む」とかね。こういうのは他の国にないんですよ。「すーっと来て、さーっと消える」とかないんです。日本はこういうのがやたらとありますよね。

あいまいをいやがらない民族性だから、次から次へと言語を豊かにしてきました。それに外来語が山程あります。文字だけでも漢字と、それから平仮名と片仮名とね。三つの文字をもつ言語を皆《みな》が普通に使っている国なんて、世界中にないと思います。欧米はアルファベットだけです。このようにほんとうに不思議な国です。

こういう国にいるから、日本の文学というのはすごかったと思うんですね。いま、欧米は威張《いば》っていますけれど、例えば、五世紀から十五世紀までの千年間、アメリカはどんな文学も生まなかったけれど、ヨーロッパではどのくらいの文学を生んだのか。

例えば、五世紀から十五世紀までのヨーロッパ文学というと、浅学《せんがく》な私には、アーサー王がらみの騎士《きし》物語の他は、英文学ではチョーサーの『カンタベリー物語』くらいしか思《おも》い浮《う》かばない。ドイツ文学だと『ニーベルンゲンの歌』。それからイタリアだと、ボッカチオの『デカメロン』とダンテの『神曲』。フランス文学とロシア文学は、何も思い浮かばない（笑）。日本はその千年間に、非常に質の高い文学を、数え切れないほど、生んでいます。『万葉集』『古今《こきん》和歌集』『新古今和歌集』『枕草子《まくらのそうし》』『平家物語』『方丈記《ほうじょうき》』『徒然草《つれづれぐさ》』『源氏物語』……。質および量で、全ヨーロッパを圧倒していると私は思います。日本というのは文学王国であって、現在でもあらゆる学芸の中で飛《と》び抜《ぬ》けて良いのが文学だと思うんです。それから数十歩遅《おく》れて数学ですね。それからまた数歩遅れて物理とか化学とか生物です。

安野　日本の文学が世界に冠《かん》たるもの、とは思っていました。川端康成《かわばたやすなり》、大江《おおえ》健三郎《けんざぶろう》までノーベル賞が出ないのは、「翻訳」という垣根《かきね》があったからでしょう。例えば落語は、翻訳するのは無理だろうと思いますが、ことほどさように、文学は世界に出ていけないのが惜《お》しまれます。そういうことがわかっていて、『源氏物語』のような例もあるのに、まだ私は藤原《ふじわら》さんのように、きちんと論証したわかり方はできませんでした。

印象派の絵描きが浮世絵に傾倒した時の彼《かれ》らの真情を、深く理解していなかったように、音楽もベートーベンやバッハに圧倒されて、武満徹《たけみつとおる》や小澤征爾《おざわせいじ》という世界的な存在を真の意味で理解していなかったかもしれない。それは、私の世代の不幸というか、まだ西欧崇拝《せいおうすうはい》の遺伝子が働いているような気がします。

藤原　私は漢文だって日本文と思っています。ここでいう漢文とは、中国の昔の文章、四書五経や唐詩など、唐宋《とうそう》時代くらいまでのものです。原産地は中国ですが、千年もの間日本語で読んでいるわけです。英語やフランス語とはまったく違います。しかもそれらは、音読したり暗誦《あんしょう》したりして、詩や格言として我々の血肉になっています。ほとんどの人は、「少年老いやすく学なり難《がた》し」とか、「国破れて山河あり　城春にして草木深し」を暗誦していますが、漢文では書けません。日本語だからです。漢字が日本語であるのと同じことです。実は、英語はもともとゲルマン語でしたが、ルネッサンス以降先進国だったラテン諸国、特にフランスの言葉をずい分とり入れました。イマジネーションなど、抽象名詞の多くはそうです。他国のよいものをとり入れることは、豊かな言語となるための一つの条件とも言えるのではないでしょうか。

安野　たしかに、漢字は漢の国からの輸入ですが、私たちは今となっては、自分のものにしてしまっています。私は、漢詩が読めるわけでもないのに、唐詩選などを読むと、日本の現代詩よりも触発《しょくはつ》されることが多いんです。教育によって、漢詩、漢文をかえってとりつきにくくしているのではないかと思います。

吉川幸次郎《よしかわこうじろう》『新・唐詩選』は、面白《おもしろ》くて大切にしていますが、私はあの本の読み下しの部分だけで楽しいんです。中国人に原文を読んでみてもらったら、やはり音としてもきれいでした。でも、私は馴《な》れ親《した》しんだ読み下しの方が、いいんじゃないかと思います。藤原さんの言われる、漢文が日本語になっているところが見えるんじゃないでしょうか。同じ本の中でも、解説の部分になると、文語体を口語体に訳すときに起こりがちな無理を感じます。

漢民族が漢字文化だったとしても、実際に読み書きできる人は少なかったのではないでしょうか。その点で日本は、読み書きできる人は多いですから、漢字文化が日本文化になるのは、自然だったと思います。

漢字文化というのは大したもので、あの広大な中国では地方語が多くて、言葉が上手《うま》く通じない。でも、漢字に書けば通じるということがあって、崑劇《こんげき》（京劇）を見た時には字幕が出ていました。いまはテレビの普及でだいぶ変わりましたが。日本でも同じで、わかりにくい方言に字幕を入れる例がありますね。日本の場合は、単語は違ってもおよそわかりますから、字幕は失礼だと思います。よく聞いていると、およそ何を話しているかわかりますから。また、会話はあまり通じなくても文字にすれば通じる。口語体はわからなくても、文語体なら通じるということがあったのではないか、と思います。

「帰去来《かえりなん》いざ田園将《まさ》に蕪《あ》れなんとす」という名文句も、もうすっかり馴染《なじ》んでいると思います。

思いが遂《と》げられないとき、「かえりなんいざ」と唱えれば気が安らぎます。私だけかもしれませんが、私の田舎《いなか》で言う「はぶてる」という気分で読むのです。多少すねた気分です。

この作者の陶淵明《とうえんめい》がざっと千六百年前、唐詩が盛《さか》んだったのはざっと千三百年前ですが、文字がほとんど変わっていない。町や村の名前も変わらず、洛陽《らくよう》などは紀元前から同じで文字も変わらない。町村合併《がっぺい》なんてやらないんですね。学ぶべきことです。

また、これは悪いことではないのですが、日本は漢字にかなを混ぜて改良しましたね。

藤原　そうですね。だから奈良《なら》時代までは、例えば『万葉集』だって、『古事記』だって、全部万葉仮名です。「あいうえお」だって、例えば「さくら」は「佐久羅」などと書く。これではまどろっこしくて、どうしようもないというので、平安時代になって、万葉仮名の一部を取って、それを装飾化《そうしょくか》して平仮名を作り、漢字の一部を取って片仮名を作ります。

日本人というのは、まず真似《まね》をします。しかし必ず独創を加えてしまう。そうやって、非常に豊富な言語にしてしまいました。しかも、中国からどしどし文物をとり入れたのは、宋《そう》や元《げん》までです。中国が世界一の文化を誇《ほこ》っていた時代ですから、日本人は抜け目がない。中国は十六、七世紀から停滞《ていたい》してきます。一八〇〇年以降、中国はほとんど混《こん》沌《とん》の中にあります。一方の日本は、片仮名、平仮名の発見と、それを用いた漢字仮名混じり文という言語学的に豊潤《ほうじゅん》な土壌《どじょう》を生かして、素晴《すば》らしい文化を作り続けました。

安野　戦後、アメリカの教育使節団みたいなものが、ローマ字教育を進言したらしいですね。明治の頃にもすでに先駆者がいて、例えば時の文部大臣、森有礼《もりありのり》、郵便事業の前《まえ》島密《じまひそか》などは、ローマ字普及の熱心な推進者だったといいます。これは革新的ですから、その当時の情勢からすると、説得力があった。しかし、もしローマ字一辺倒にしていたら、いまごろどうなっていただろうと思うと、ぞっとします。

今思うと、なんて乱暴なと思いますが、英語やローマ字などを公用語にしないと、世界に遅れると考えたのでしょうね……。

藤原　彼らなりの愛国心の発露《はつろ》ではあった。「このままでは日本はどうしようもない。

あまりにも差が大きすぎる。どうにかしないと植民地になってしまう」という、切羽詰《せっぱつ》まったものがあったんでしょう。

明治の人々は何とか許せますが、許せないのは終戦後、進駐軍の政策にすり寄り漢字をなくそうとしたり、いっそ日本語など捨ててしまおうとした人々です。恥《は》ずべき狼狽《ろうばい》でした。

私は、基本的にどんな改革であろうと、伝統を傷つけるような改革は、まず待てと思うことにしています。どんな改革でも、「まず待て」です。私はそれが、日本やヨーロッパのような歴史ある国々の、正しい態度と思うのです。アメリカのような新しい国は、何をしても、それが誤っていれば「いけね」と言ってやり直せばいい。しかし、日本やヨーロッパやアジアの古い国々では、いったん伝統を壊《こわ》すと、意外なところに失うものが現れるのです。論理的に考え、利便性を考え何かが廃止《はいし》となっても、それが伝統であったら、「まず待て」が正しい態度と思います。教育問題だろうが、社会問題だろうがすべてそうです。アメリカ人は改革大好き人間ばかりですが、イギリス人は「まず待て」です。

安野　「日本語は美しい」という、もしかすると自画自賛に聞こえる言葉をよく聞きました。それはどういう意味なのかと、考えこんだことがあります。音韻《おんいん》の上で美しいと言っているのではなさそうだし、言葉が熟成《じゅくせい》してきて表現の襞《ひだ》のようなところまで言えているとかいう……。それは少しあるけれど、そこまでならどこの国の言葉も同じだと思っていました。ところが、以前、さるインド人の目医者と話していた時に、彼は悲しそうな声で言いました。インドで一人前になるには、ヒンズー語と自分たちの地方語と、近接する地方語と、それに英語の四つのことばをマスターしないと仕事ができない、というようなことを言うんです。

それで私なりに考えて、その国の言葉が美しいと言えるのは、その国の言葉で書かれた書物がどれほどあるかということなのではないか、いやそれにつきると思い至りました。考えてみれば、私たちは、座《ざ》して世界の文学や医学書などに触《ふ》れることができるようになっています。

藤原　まったく同感です。古くから珠玉《しゅぎょく》の文学作品に恵《めぐ》まれた不思議な島国、もっとも美しい言葉の中に、私達は生まれたのだと思います。

第五章　小学唱歌と童謡《どうよう》のこと

藤原　私は、小学唱歌や童謡の大切さをどんなに強調しても、したりないと思っています。明治の頃《ころ》から小学唱歌があります。大正くらいになると童謡が出てきます。鈴木《すずき》三重吉《みえきち》たちの『赤い鳥』などです。童謡には心を揺《ゆ》すぶるようないい歌が多いですね。多くの一流詩人が参加していますから、今の歌とは違《ちが》う素晴《すば》らしい詩ばかりです。無論詩にひっぱられて曲もいい。

あの頃は、作詞でなく作詩なんですね。小学唱歌と童謡は、日本の宝物と思っています。ひと頃は、小学校で年間三曲までしか教科書に入れてはいけなかったのですが、最近はさすがに見直され、増えているようです。親と子が、おじいちゃん、おばあちゃんとみんなで歌える歌がなくなるというのは、文化の断絶です。

安野　そうですか……。そんな風になってしまったとは残念ですね。私はその唱歌をもとに、講談社の「本」というPR誌の表紙を描《か》いていたんです。やっとまとまって、『絵本 歌の旅』という本になりました。なにしろ共通の歌なので、連載中《れんさいちゅう》の反応も多いのですが、私の絵や文で新しく歌を知ったということではないんです。面白《おもしろ》いことに、百も承知の歌を思い出して懐《なつ》かしんでもらっているんですから、早い話が歌に寄りかかって仕事をしていたようなものです。

ただ、若い人は唱歌から遠ざかってしまっていて、「こんなに詩も曲もいい歌なのに知らなかった」などと言います。

むかし小学校の五年生の教科書に載《の》って、誰《だれ》知らぬものもなかった『冬景色』を上げてみます。

一　さ霧《ぎり》消ゆる湊江《みなとえ》の
　　舟《ふね》に白し、朝の霜《しも》。
　　ただ水鳥《みずとり》の声はして

いまだ覚めず、岸の家。

二　烏《からす》啼《な》きて木に高く、
人は畑に麦を踏《ふ》む。
げに小春日ののどけしや。
かえり咲《ざき》の花も見ゆ。

いまは、畑に麦を踏むということがわからないという人もいます。藤原《ふじわら》さんも知らないんじゃないですか。ほんとは、私も知らなかったんですが（笑）。あれは、麦の種を蒔《ま》いて少し芽がでてきた頃、それを足で踏みつけるようにして根っこを畑に食《く》い込《こ》ませるためなんだそうです。むかしはそういった気の長い仕事をやっていたんです。

面白いことに、国語とか算数などでも軍国調のものが多いなかで、音楽は例えば「広《ひろ》瀬《せ》中佐《ちゅうさ》」などがあるにはありましたが、不思議にそういうのは少なく、まだ自然の美を歌うものの方が多かったように思います。

藤原　私も童謡が大好きで、レコードもCDも持っています。

雨

雨がふります　雨がふる
遊びに行きたし　傘《かさ》はなし
紅緒《べにお》の木履《かっこ》も　緒が切れた

これは一番だけですが、この歌には思い出があります。大学院を出て助手になった頃でした。いつも数学の問題を考えていました。考えてもたいてい解けません。そんな時は、東京で考えてもわからないからと、よく地方に一週間ほど滞在《たいざい》して考えまくるんです。ある時、蒲郡《がまごおり》で散歩しながら、問題に没頭《ぼっとう》していた。そうしたら、突然《とつぜん》どこかのラジオから、「あーめがふーります、あーめがふる」が聞こえてきました。立ち止まって聞いていたら、なぜか涙《なみだ》がわいてきました。童謡や唱歌にはそういう効果がありますよね。

二十年くらい前からでしょうか、唱歌の代わりにビートルズとか、ローリングストーンズ、カーペンターズといったポピュラーな曲や現代ものが、音楽の教科書にどんどん入ってきています。私もそれらは好きだし、音楽教育としてもいいらしい。しかし小学校での音楽というのは、ただの音楽教育ではなく情緒《じょうちょ》教育でもあると思うのです。文化の継承《けいしょう》という意味もあります。繰り返し言いたいのですが、子と親、おじいちゃん、おばあちゃん、みんなで歌える歌がなくなってしまうというのは大きな損失です。

安野 「美しき天然」という歌は、だれもが知っているつもりでいましたが、それはメロディと始めの二行ばかりにすぎなかった、ということがあります。

美しき天然

一
空にさえずる鳥の声
峯《みね》より落つる滝《たき》の音、
大波小波鞺鞳《とうとう》と
響《ひび》き絶えせぬ海の音、
聞けや人々面白き
此《こ》の天然の音楽を。
調べ自在に弾《ひ》き給《たも》う
神の御手《おんて》の尊しや。

二
春は桜のあや衣《ごろも》、
秋は紅葉《もみじ》の唐錦《からにしき》、

夏は涼《すず》しき月の絹《きぬ》、
冬は真白き雪の布。
見よや人々美しき
この天然の織物を。
手際《てぎわ》見事に織りたもう
神のたくみの尊しや。

続きは四番まであります。日本の自然をたたえているのですが、その見事なことを噛《か》みしめて聞きたい詩です。私たちは、サーカスのジンタとかチンドン屋の音楽としてしか聞いていないのが普通《ふつう》ですから……。

藤原　十年近く前ですが、台湾《たいわん》の新竹という町で日曜日の朝、楽隊の音で目を覚まされました。『美しき天然』でした。しばらくして、ここが日本でないことに気づき、びっくりしました。よい歌はどこの国でもよい歌なんですね。日本では戦後、消されたものもあります。『赤とんぼ』がそうです。「十五でねえやは嫁《よめ》に行き」という箇所《かしょ》がひっかかりました。民法では十六歳以上でなければ、婚姻《こんいん》が認められない。ねえや（女中とか子守り）は職業蔑視《べっし》という驚《おどろ》くべき理由からです。

安野　『われは海の子』も一時ダメになったんですよね。あの歌は文語体だから、教えないことになった。けれども、今やまた使っているそうです。傑作《けっさく》ですから、あれに優《まさ》る歌はなかなかないですよ。

藤原　そうですね。文語体入門としていいですね。唱歌とか童謡には文語体が山ほどあります。いきなり森鷗外《もりおうがい》ではなく、まず唱歌と童謡でならして。

安野　『われは海の子』という意味は、口語では言えないですね。舞台《ぶたい》に上がったような気持ちで、高揚した気分になれば言える。

藤原　童謡とか唱歌を失ったせいか、最近の子どもは歌を歌わない。われわれの子どもの頃は、学校の行き帰りに歌を歌ったりしましたが、いまでは道を歩く子ども達が誰一人歌っていません。

安野　そうですね。実はついこの間、中国へ行きました。白帝城《はくていじょう》の上の方でスケッチをしていたら、森の中から女の子の歌が聞こえてきたんです。一人で誰に聞かせるでもない、自由に歌ってる。ああ、歌というものは本来そういうものだったんだ、と思いました。

映画ではよく路地裏で子どもたちが、「わらべうた」を歌って遊んでいるシーンを見ますが、実際にはなくなりました。まだ戦後すぐの頃は、三鷹《みたか》の子どもたちが、「かーってうれしい花いちもんめ」などと遊んでいたものです。十年くらい前に伊勢志摩《いせしま》の漁村へ行った時、そこの子どもたちが「かぞえうた」で遊んでいるのを見たのが最後でした。あの時、歌の文句を書き取っていたのに、惜《お》しいことになくしてしまいました。

藤原　明治から大正、昭和の初めにかけて、モラエスというポルトガルの作家が徳島に住んでいました。彼は日本人は歌ばかり歌っているというんですね。大工はトンカチを叩《たた》きながら歌う。お母さんは洗濯《せんたく》をしながら歌う。行商人は歌を歌いながらやってくる。子ども達は学校の行き帰り、歌を歌っている。こんなに歌ばかりを歌っている国民はいないとびっくりしている。

それが今では、街から歌声が消えてしまいました。唱歌とか童謡という素晴らしいものを失ったツケが出てきたんですね。日本人には無類の歌好きという遺伝子があるから、世界語となったカラオケを発明したのでしょう。


安野 そういえば、みんな歌っていましたね。例えば、線路工事をしている人は、つるはしを振《ふ》るってレールの下に石を入れるんですが、今みたいに圧搾《あっさく》空気でダダダダなんてやらない。四人くらいの人がいっせいにつるはしを振り上げては下ろす。歌で調子をとるんですね。

新築の地固めでは、電信柱ほどの槌《つち》を引き上げてはドシーンと落とすんですが、地方によっては歌も違います。「よいとまけ」と言ったでしょうか。「かあちゃんのためならエーンヤコーラ」などと歌いながら綱《つな》をひくのも、何度か見たことがあります。餅《もち》つきなどでも同じで、労働歌も民謡になっていたんですね。

それらに比べて、今の音楽の時間は時流にそいすぎているように思います。

藤原　音楽教育としてはそれでいいのかもしれませんが、情緒教育としてはね。野口雨情作詞の『シャボン玉』があります。

シャボン玉

シャボン玉飛んだ
屋根まで飛んだ
屋根まで飛んで
こわれて消えた

シャボン玉消えた
飛ばずに消えた
生まれてすぐに

こわれて消えた
風々ふくな
シャボン玉飛ばそ

これは野口雨情が、長女をわずか七日で亡《な》くした時に作ったものです。この話を聞いてから、この歌を聞くたびに目頭《めがしら》が熱くなります。他にも「この道はいつか来た道……」とか、「からたちの花が咲いたよ」とか、これは北原白秋ですが、胸の熱くなるものばかりです。唱歌はそうでもありません。童謡は短調が多いのに、唱歌は長調が多いとずっと思っていましたが、なぜだか分かりませんでした。最近調べてみたら、どうも明治十四年に小学唱歌の創設にあたった伊沢修二《いさわしゅうじ》が、「人心に与《あた》える影響《えいきょう》からみて、短調より長調を優先すべし」と言ったようです。なるほどと思いました。

安野　高峰秀子《たかみねひでこ》さんが大石先生に扮《ふん》した『二十四の瞳《ひとみ》』は、原作が壺井栄《つぼいさかえ》、監督《かんとく》が木下《きのした》恵介ですごく評判になりましたが、あの時監督は、小学唱歌をたくさん入れようと考えたそうです。

　たびたび歌われた「からすなぜなくのからすはやまに」というあの歌は、唱歌と言うより童謡の分野でした。あの映画に出てくる歌はみんな知っている歌なのに、唱歌があんなに感動的なものだとは思っていませんでした。

藤原　あれは四年生の頃でしたが、学校中で見に行きました。ガキ大将の私は、涙を見せては沽券《こけん》に関わると、隠《かく》すのに四苦八苦しました。

安野　沽券に関わらないでしょう。私は池袋の映画館で立ち見で見ましたが、目の前のねじりはちまきの兄ちゃんがオイオイ泣いていました。私は、映画の舞台となった小豆島《しょうどしま》へ行ってみました。そこには本物の小学校と、映画を撮《と》るために作られた学校とが残っていましたが、二つはそっくりでした。壺井栄の生家もありました。

　最近、歌詞を作って、森ミドリさんに作曲してもらったものがいくつもあります。宣伝がましいですが、『雲の歌・風の曲』という書名で岩崎書店から刊行予定です。私としては初めての経験でしたが、歌詞はアクセントなどの関係で微調整《びちょうせい》をする必要があることなど、いろいろな勉強をしました。

とにかく、曲がつくと、詞が歌になる。あたりまえのことのようですが、詞を読んだだけでは理屈《りくつ》っぽいのに、曲がつくと理屈抜《ぬ》きで感じとれるものになる。頭を通って体に入っていた詞が、曲がつくと咽《のど》から丸ごと飲み込んででもいるかのように、体に入ってくるんです。

藤原　よく分かるような気がします。年齢《ねんれい》とともに、歌に対する情緒力は高まるのでしょうか。唱歌などと言っても、例えば、「うさぎ追いしかの山……」なんて、子どもの頃は胸にぐっとくることなんてまったくなかった。ただの歌でした。詩の方には関心さえ向かなかった。ところが五十を過ぎた頃から、あの歌を聞くとジーンときてしまう。詩に神経が向くようになる。不思議なものです。安野《あんの》先生の子どもの頃は、唱歌を歌われましたか。

安野　唱歌は学校で習い、童謡はラジオなどから流れてくる。でも、私が子どもの頃は、ラジオはたくさんありませんでした。その頃の全国中等学校野球大会の時は、ラジオ店の店先がいっぱいになるという状態でしたから。だから、童謡は魅力的《みりょくてき》な存在だったのです。

この二つは、うがった見方をすると、経済問題が背景にあったんじゃないかと思います。文部省唱歌は学校で習うものですから、それが広く歌われたところで、誰も儲《もう》かるものはいません。あれほど広く歌われても印税問題はありませんし、作者不詳《ふしょう》の世界なのです。しかし童謡は、レコードとか、作詞者の印税、歌手の印税など、いろいろな商業的な問題がありますので、いきおい流行《はや》らせる手だてということも考えたのではないでしょうか。

『鐘《かね》の鳴る丘《おか》』『里の秋』『みかんの花咲《さ》く丘』などは、戦後民主主義という言葉が流行った頃の童謡的な歌ですが、戦後の教科書のない時代に学校で教えられ、いまでは古典になっています。戦時中の国民歌謡という、啓蒙《けいもう》意識の強かったものと入《い》れ替《か》わって出てきたような感じがあります。「村の渡《わた》しの船頭さんは今年六十のおじいさん」というのもその頃で、六十はおじいさんですから、もって瞑《めい》すべしという気がします。「しばしもやすまず槌《つち》うつひびき」と歌う「村の鍛冶屋《かじや》」は教科書にあったもので、渋《しぶ》谷《や》の道玄坂《どうげんざか》をこえた辺りにあった鍛冶屋がモデルになった、と確かあの辺りを走っているバスの車掌《しゃしょう》さんが言っていました。『春の小川』のモデルは今のＮＨＫのすぐ前の宇田川の支流の河骨川《こうほねがわ》で、いまは暗渠《あんきょ》（おおいをした水路）になっていますが、その川にはコウホネがいっぱい生えていたと、歌碑《かひ》がたっています。

藤原　むかしの歌は、子どもの教育によいと思うんです。父母の青春時代。祖父母の青春時代を懐かしむ。懐かしさという高尚《こうしょう》な情緒を育てます。私は、懐かしさのよくわからないケダモノのような三人の息子たちに、子ども時代の歌をよく聞かせます。父や母の若い頃の戦前の歌なども、どんどん聞かせます。皆で車で出かける時など、古い歌ばかり聞かせます。家で、昭和五年の『日本橋から』をレコードで聞かせたことがあります。「お江戸日本橋、師走《しわす》も暮れる……」というものです。関種子と佐藤千夜子のものがあり、両方を三回ずつ聞かせました。我《わ》が家《や》はスパルタです。最初は「古くさい」などと言っているのですが、何度も聞くうちに好きになってしまって。ある日、二階に上がっていったら、誰かが「お江戸日本橋……」と口ずさんでいるんです。大学院に行っている長男が口ずさんでいたのです。しめた！　と思いました（笑）。祖父母の青春時代が蘇《よみが》ったのです。情緒教育として、唱歌、童謡、それから昔の歌謡曲も含《ふく》めて素晴らしい教材です。歌詞が何しろいい。

安野先生は唱歌の本を前にも作られていましたが。

安野　芥川也寸志《あくたがわやすし》さんと編集した『歌の絵本——日本の唱歌より』がそれです。芥川さんは懐かしいですね。あの人は思ったより進歩的で、「藤村《とうそん》の『朝』なんかいいじゃない」と言うと、「あれは国民歌謡の手あかがついているから」と言うので敬遠しました。また、「あれ松虫がないている」と歌う『虫の声』が好きだと言っていました。むかし長谷川一夫《はせがわかずお》が大石良雄《おおいしよしお》に扮《ふん》したＮＨＫのドラマ『赤穂浪士《あこうろうし》』のテーマ曲を彼が作曲しました。「よーくきいてごらん、『月の砂漠《さばく》』の変奏曲の部分があるから」というので聞いてみると、なーるほど『月の砂漠』のメロディが感じられるところがありまし

♫みなさん、知ってますか？
「村の鍛冶屋」って
あれ渋谷の話ですヨ
「春の小川」だって
NHKの町内です……。

た。

藤原　先生のあの本はまた絵がいいです。

安野　ありがとうございます。やはり唱歌は、題材としてはいいけれど、絵を描くには意外と問題があるのです。絵と音楽は違うものなので、歌詞の内容を絵解きしても始まらないし、もともとできない相談だと思った方がいいんです。でも教科書などになると、歌詞の説明になっていないと検定に受からない、と編集者が勝手に思いこんでいるきらいがあります。

実際にあったわかりやすい例ですが、

「おおぎみは　かみにしませば　あまぐもの　いかづちの　うえに　いほりせるかも」

という万葉集柿本人麿《かきのもとのひとまろ》の歌の絵を描いてほしい。構想としては、まず海を描き、富士山が見え、その上に雲があって、その上に雷《かみなり》がいて、さらにその上に庵《いおり》があって、その中に大君が座《すわ》っている図を頼《たの》む、というのです。とても絵には描けませんよ。

第六章　文語体の力

藤原　先程、外国にいらっしゃるといつも、藤村《とうそん》の「朝は再びここにあり」という歌が朝、口をついて出るとおっしゃっていましたね。
安野　労働歌なんですけれど……。
藤原　革命の歌みたいですね。文語ですか。
安野　文語です。「朝は再びここにあり　朝は我らと共にあり　埋《う》もれよ眠《ねむ》り　行けよ夢　隠《かく》れよさらば小夜嵐《さよあらし》……」なんて、そういう言葉がどんどんつらなって出てくる。
藤原　行進曲みたいな力強さがありますね。
安野　二番が、またいいんです。往年の国民歌謡《かよう》で、労働詩でしたから。「諸羽《もろは》うちふる鶏《くだかけ》は　咽喉《のんど》の笛《ふえ》を吹《ふ》き鳴《な》らし　今日の命の戦闘《たたかひ》の　よそほひせよと叫《さけ》ぶかな」、「草鞋《わらじ》とく結《ゆ》へ　鎌《かま》も執《と》れ　風に嘶《いなな》く馬もやれ」……と。素晴《すば》らしいです。藤村と白秋はやはりいいですね。

藤原　先程の『雨』も白秋です。他にもいっぱいあるんでしょうね。

安野　私は『砂山』が好きですね。ふつう一般的に歌っているのは、『からたちの花が咲《さ》いたよ』。ほかに『あわて床屋《とこや》』とか、『まちぼうけ』とかね。作曲をした山田《やまだ》耕筰《こうさく》とのペアも、良かったという気もします。

文語体入門に最適なのは、なんと言っても『初恋《はつこい》』ですよね。

藤原　そうですね。あれはいいですね。

安野　私が小学校で教員をしていた時、六年生の授業で黒板にこれを書いて写せと言ったというんです。小学生には「まだあげ初《そ》めし」というのが、まずわからない。何のことだろうと思う。「わがこころなきためいきの　その髪《かみ》の毛《け》にかかるとき　たのしき恋《こい》の盃《さかずき》を　君が情《なさけ》に酌《く》みしかな」ですものね。

藤原　わからないですよ。

安野　それを黒板に書いて写させていたらしい。東京に出てきてすぐで、二十五、六歳《さい》

わがこころなき
ためいきの
そのかみ
のけに
かかるとき
たのしき
こいの
さかずきを
きみがなさけに
くみしかな

の頃です。私は覚えていないけれど、嫁《よめ》に行った石島という子がそういうんです。

藤原　とまどったでしょうね。何のことかと思ったでしょうね。

でもいまでも何となく覚えているわけでしょう。その時は意味がわからなくても、何となく恋の歌かなあって、予測がつくんですよね。

安野　そうです。六年生なら感じるんですね。

藤原　それで充分《じゅうぶん》なんですよ。そもそもリズムに触《ふ》れるだけでも価値がありますから。藤村とか白秋の素晴らしいものは。

感受性は変わり続けますから、いつかよく分かるようになる。白秋の「からまつの林を過ぎて　からまつをしみじみと見き　からまつはさびしかりけり　たびゆくはさびしかりけり……」という詩は、大学生の時に初めて読みました。

その頃《ころ》、一人旅の車窓からからまつ林を見て、なるほど、白秋の言うように寂《さび》しいものだと。語り合う恋人もいないし（笑）。一人旅とは寂しいものだ、と思ったことを覚えています。二十歳くらいでは、人生の寂寥《せきりょう》とか生きることの孤独《こどく》などはわかりません。

今読むと寂寥ばかり感じます。読む人間の年齢《ねんれい》により、受け取り方が違《ちが》う。読み取り方は人それぞれでよいのだから、若い時は若い感受性で読めばよい。だから、深い意味まで読み取れなくとも、読ませるのがいいと思います。

安野　そうですね。子どもの頃には意味もわからず覚えていて、大人になってからわかる、ということがあります。「逢《あ》ひみてののちの心に」なんかは特に、解説を読まないと経験からさえわからなかったですね。「白鳥は悲しからずや空の青海の青にも染《そ》まず漂《ただよ》う」はすごく有名なのに、その歌を書いたラブレターをもらったんですが、何のことかわからなかった。残念ですねぇ（笑）。それに私の田舎《いなか》には、からまつというものがなかった。浅間でからまつを初めて見たのは、二十六、七だったと思います。

藤原　詩のラブレターをもらうとは、先生はラッキーですね。私などは、ラブレターは書くばかりでした（笑）。

安野　ところで、藤原《ふじわら》さんは英語を話しますが、むろんはじめに日本語を思《おも》い浮《う》かべ、それを翻訳《ほんやく》して英語を話しているのではないでしょう。

藤原　はい、日本語はまったく思い浮かべません。

安野　文語文もそうで、はじめ口語文があって、それを文語文に直しているのか、と思っている人がいますが、そうではない。文語文を書く時は、はじめから文語頭になっているんです。

藤原　なるほど。

安野　すると、文語文を特別に学習しなくてはならない、と思いやすい。学習は無論するといいでしょうが、難しく考えないで、ただ文語体の文学を読んでいるだけでもいい。その意味でも『即興詩人《そっきょうしじん》』は、推薦《すいせん》図書です。

藤原　私も一度、文語文を試みてみたいです。

安野　四年ばかり前ですが、全国高校作文コンクールの一位は、駒場東邦《こまばとうほう》高等学校の生徒でしたが、それは文語文でした。彼は明治の文学しか読まないと言っていたそうです。話は変わりますが、私は「舞台の上」という考えかたでものをみることがあります。描《か》く絵はおおむね「舞台の上のできごと」です。現実ではなくて舞台。同じ風景でも、それを絵にしようと思ってイスにすわると、そのとき選んだ眼の前の風景は「舞台の上」になる。いわば招待席に座《すわ》っているんです。

事実でも、かりに歌にすれば、「舞台の上」の真実になるというような、関係です。

文学はもう、完全に「舞台の上」です。文語体は、歌舞伎《かぶき》みたいに更《さら》に様式の整った舞台。だから事実よりもむしろ、訴《うった》える力がつよい。

たとえ事実を書いても小説という以上は舞台のうえです。芝居《しばい》はそのまま、舞台そのものです。うそなのに涙《なみだ》が出てくる。どうも、表現というものは、舞台の上に乗せる仕事といえそうですね。

テレビの中も舞台です。だからテレビの中の嘘《うそ》はこわいです。ドラマとコマーシャルとニュースが混同してくるから。

藤原　なるほど、文学も絵画も舞台というのですね。確かに舞台の上を見るとき、私達は現実を見る時とは違う昂揚《こうよう》を感じますね。詩について言えば、文語の舞台は口語の舞台より、段違いに格調がありますね。口語の舞台でも、漢字が多いか仮名が多いかで雰《ふん》囲気《いき》が違います。

安野　おっしゃる通り段違いです。むかしは、舞台裏というものは見せませんでした。見せないのがふつうでしたが、この頃のテレビでは、見えないところを見せる、つまり覗《のぞ》かせる。見る方も覗き趣味《しゅみ》を満足させる。たとえば、相撲《すもう》の楽屋だとか、落語の楽屋、ニュースが終わったあとのテレビスタジオ、水泳競技の水の中、監督《かんとく》が選手に注意しているところ、と言ったぐあいにきりがありません。だから、文学というよりその虎《とら》の巻（参考書）を読んでいる感じになってしまいます。

でもそうなると、舞台裏がいつのまにか「見られている」という計算の中に入ってきて、裏でなくなる。

舞台と観客席と楽屋の三つを考えてみると、表現というものについてわかりやすくなるとおもいます。楽屋は本来見せないところでしたからね。好意的に見れば、「見てもらう」ための努力ではありますが……。

藤原　私なども、文章を書いていて漢字が多いと思うと、やまとことばを入れて少し柔《やわ》らかくしようとします。俳句を書き下す時は、いつもそのバランスを考えます。漢字で書けるのをわざわざ平仮名で書いたりもします。そうやってバランスを取ります。文章が少しだれてくると、人間以外の物を主語にした文章を持ってきて変化をつける。そういう微妙《びみよう》な調整が、口語書き言葉の技法だと思います。そういった技法を駆使《くし》して、さらにリズムを整えて、どうにか読者に最後まで読んでもらえるようにするわけです。うまくいっているかは分かりませんが。

第七章　ユーモアと空想

藤原　安野《あんの》先生には、武蔵野《むさしの》第四小学校の高学年の時、図画工作を教わりましたが、安野先生の授業が抜群《ばつぐん》に面白《おもしろ》かった。ユーモアのある先生というのは、あまりいなかったんです。誠実《せいじつ》な先生はいても、ユーモアのある先生は少ない。私もわりとユーモアがあると言われますから、安野先生に早期に鍛《きた》えられたせいかと思います。

安野　そんなことはない。藤原《ふじわら》さんは、もともとそうなんですよ。アイルランド人はユーモアを解する人たちで、彼《かれ》らは自分では笑わずに面白い話をする。あなたのユーモアはアイルランド人的なんです。本を読んでいるとにじみ出てくる。「藤原さんは、偉《えら》いんだけど弁慶《べんけい》の泣き所がある。それは奥《おく》さんには頭が上がらない。ねえそうでしょ」と、本当のところを聞かせてくれと人が言うから、「そうらしいよ、いい気味だ」と答えることにしてるんですけどね（笑）。「天地神明に誓《ちか》って後ろ暗いところがなければ、頭が上がらないってことは普通《ふつう》はない」あの人は、それがなくても頭が上がらないんだから本物だと……。

ユーモアも自分で笑ううちはだめらしい。泣きそうな顔をして、ユーモラスな話ができるのがアイルランド人ですが、あなたの本はそうなってますよ。

藤原　そんなふうに持ち上げられると待望の愛人も持てなくなります（笑）。それはともかく、ユーモアの精神は世界に出た時にとても重要だと思います。

イギリスでジェントルマンとしてもっとも重要な要素は何か、とケンブリッジ大学の人々を中心に十数人に聞きました。全員がセンス・オブ・ヒューモアと答えました。ナチスによる空襲《くうしゅう》で、ロンドンが破壊《はかい》されている最中、市民は防空壕《ぼうくうごう》でユーモアを言い合っていたそうです。

安野　ロッキード事件の米国上院の公聴会《こうちょうかい》のニュースを見ていて驚《おどろ》いたんですが、辛辣《しんらつ》な質問をしているのに、ほとんどの人がユーモア混じりにしゃべっている。

そこへくると、日本の政治家にはユーモアがないですね。本当は政治家にユーモアがにじんでくるくらいでないと、文明国になれないです。

藤原　日本の政治家とか外交官がイギリスやアメリカに行って、どんなに偉そうな理屈《りくつ》を並べても駄目《だめ》です。ユーモアがないと、紳士《しんし》と認めてくれません。人間として信用されません。それほど重要です。学校では教えられません。安野先生のような特別な人がいればともかく、ふつうは難しい。

日本には落語がありますが、落語のユーモアは大したものと思います。イギリスの紳士のユーモアと同じです。自分や人生を笑い飛ばす、しかも笑わずに笑い飛ばす、という類《たぐ》いのユーモアです。日本人はそれを落語で鍛えていますから、ユーモア民族です。アメリカのジョークとは違《ちが》う。アメリカでよく聞くジョークとは、例えば、「ターザンがクリスマスに歌う歌は何か？　ジャングルベル！」という程度です。私の大学生の息子が「オヤジギャグ」と呼ぶものです。日本人はユーモア的にはイギリス人です。

安野　ユーモアを身につけられるような学校があればいいですが、どうもそういうセンスは、学校で習ったり身につけたりするノウハウはないような気がします。それは、その人のなかで、いつのまにか醸成《じょうせい》されてくる一種の文化でしょうね。

マギー司郎という手品師がいますが、彼はユーモアがあります。あの人がNHKの「課外授業ようこそ先輩《せんぱい》」という番組で、母校の児童に授業をしているのをたまたま視《み》て、とても感激しました。

「自分の手品が受けない、技術的にはいいはずなんだけど受けない」と、悩《なや》んだことがある。それである日、自分がいいところを見せようとしているんじゃないか、と気がついた。裸《はだか》の自分が見せられるか、自分の欠点を隠《かく》そうとしていたな、と反省したその頃《ころ》から、受けるようになったというんです。

だから、子どもたちに自分の欠点、はずかしいと思っているところ、人に言っていない心の悩みを思い切って書き出せ、と言って紙を配るんです。子どもたちは、日頃のそういう思いを描き、それを手品の発表会の際に告白した上で手品をやる。もうそうなると、手品の上手下手ではありません。手品以前のその人の存在が受け入れられるようになったんです。

わたしはその時、マギー司郎を見直しました。そして彼の語り口の泣き出しそうなユーモアとペーソスに感動しました。「課外授業ようこそ先輩」という番組は、それこそいいところを見せるものでしょう。でも彼の場合はそうではなかった。むしろ隠したいところを見せるのです。そのことに感動しました。

そのときの子たちは、六年生の子どもたちでしたが、眼《め》に涙《なみだ》をうかべていました。

藤原　チャップリンの喜劇映画も見終わった後、涙がわいてくるような所がありました。ユーモアは心を通わせる鍵《かぎ》のようなものですね。

安野　ユーモアと冗談《じょうだん》は紙一重で、相手を見て言わないと失敗することがあります。

ユーモアとナンセンスは似ているようで違います。漫才《まんざい》などで、相方《あいかた》の欠点を言って笑いをとることはありますが、それは低俗《ていぞく》なナンセンスで苦笑《くしょう》してしまいます。ユーモアにはならないですね。

悪口とユーモアは、反対の姿をとっていますが、悪口は自分と相手の間の距離《きょり》を測るものさしみたいなところがあって、友達ならかなりのことを言っても許される。ささいなことで怒《おこ》られるとすると、「ははあ、そのくらいの距離なんだな」と、早い話が悪口を小出しにして距離を測っていく。差別語というものが問題になったことがありますが、差別語さえも親友の証《あかし》になることがあるものです。私はしばしば、その距離を測り損《そこ》なって失敗することがあります。親しみを感じているのにね……。

藤原　悪口がものさしというのは面白いですね。先生が悪口を言ってくださらないのが、残念に思えてきました（笑）。

安野　私は悲しいかな、数学が好きでした。だから、数学者には劣等感《れっとうかん》を持っていました。そのうえ、藤原さんの本を読むと、数学だけじゃないから、悪口の言える距離《きょり》じゃなくなるんですよ。

藤原　私は画家に劣等感を抱《いだ》いています。

安野　桂枝雀《かつらしじゃく》が枕《まくら》に言うんです。「笑いは健康のためにいい」。これは医学的にも証明されているというけれど、本当らしいですね。「だから、あなた達は笑いにきている、笑うのは自分の健康のためだ」「あたしの話が面白いかどうか、と言うこととは関係なく笑ってもらいたい。自分のために笑う方がいい。それは健康のためだし、私にも都合がいい」確かにそのとおりですが、笑うというのは、話の理解の仕方でもありますから、聞き方によっては何倍にも面白く笑えるということになります。

中でも「寝床《ねどこ》」が好きです。大家さんは義太夫《ぎだゆう》が自慢《じまん》で、これを聞いて人が感動しないはずがない、という大前提に立っています。だから店子《たなこ》を集めて演じようというのです。茂造《しげぞう》という使いのものに長屋を廻《まわ》らせるんですが、店子はなんとかかとか理由をつけて集まらない。

「あいつそそっかしいもんだからね、肝心《かんじん》の提灯屋《ちょうちんや》へ寄らなかった。あは、(笑顔《えがお》で)あれがまた因果と義太夫ずきだ。その後に会ってね、あたしゃアいやなこと言われた。『旦那《だんな》さま、こないだお浄瑠璃《じょうるり》のお催《もよお》しがあって……なんでてまえへお教えくださらないんで。ひどいじゃございませんか』なんてね、嫌《いや》みを言われた。そんなことのないように廻ってくれただろうな」

廻りました。ところが提灯屋のいうには酸漿提灯《ほおずきぢょうちん》を今夜のうちに三百五十ばかり作らなきゃならないんで、残念ながら伺《うかが》えないということになります。「あれァまた悲運なやつだねェ、年まわりが悪いんだよ、そ言ってやんな、また力を落とすといけねえから、こんどさしでもって、みっちり聞かせてやるからって力ァつけてやんな」などという、こりゃあ本当に何度聞いても面白いですね。

藤原　大家さんの善意を笑いとばしていますね。善人とか善意をほめたらユーモアにならない。意外性がユーモアの真髄《しんずい》ですね。

安野　私は、子供のころから空想が好きで、運動が嫌《きら》いだったから、窓枠《まどわく》にもたれて校庭で遊んでいる子どもたちを見て、空想をしていました。あいつがいま何て言って、こいつがこう答えて、あいつがこう答えてと、全部セリフを入れるんです。そこの子どもたち全部に言葉を入れるわけですね。「馬鹿野郎《ばかやろう》!」「いやだ」とか、ほとんど落語ですよね。それがね、限りなく面白かったんですね。

自分のセリフのところは、豊田君という友達に聞かせるように、ああ言ったんだ、こう言ったんだと言って。聞かせる奴《やつ》がいないとダメですね。「あれはどう言っているんだろう」と豊田君が質問をするので、「あれはね、おまえ、こういうわけなんだ」と。

藤原　チャップリンの自伝に、子供の頃、二階の窓辺によりかかって道行く人々の物語を作って楽しんでいた、というのを思い出しました。彼はとても独創的な人間ですが、ユーモアと独創性というのは非常に近いですよね。

安野　ほう、チャップリンもそうでしたか。

藤原　独創的な数学者って、みんなユーモアがあります。先程、ユーモアの真髄は意外性と言いましたが、二つの離《はな》れたものを結びつけるというのが意外性です。先程の大家さんでは、善意と迷惑《めいわく》という、相反するものが結びつけられていました。これは数学的独創とまったく同じです。

二十世紀最大の数学ドラマと言われたフェルマー予想解決は、ワイルズが谷山・志村予想を解決することで成しとげました。谷山・志村予想は、モジュラー形式と楕円《だえん》曲線という、二つの縁遠《えんどお》いものに虹《にじ》のかけ橋を渡《わた》すというものでした。意外性どころか奇想天外な独創だったのです。ユーモアと独創性は、ともに意外性というか、連想と深い関

えー
クーソー家
でーす
キョーサイ家
でーす

係にあると思います。

連想というのはよく分かっておらず、この解明は脳や人工知能の研究の大目標の一つです。連想は独創の源ですから、いかにして人工知能に連想力を持たせるか、ということは重要です。これが出来たら独創性までいってしまう。だから私はできないと思うのです。

安野　僕《ぼく》もそれは出来ないと思う。

藤原　連想が大脳前頭葉でなされていることまではわかっている。ここがまさに独創性を司《つかさど》るところなのですね。本を読んだり、漢字を書いたり、計算をしたりすると、脳の前頭葉を流れる電流が著《いちじる》しく増える、ということが最近分かってきた。

昔から、音読するとか、漢字の練習をするとか、計算練習をするとか、九九を唱えるとかは日本の初等教育の柱でしたが、実はその時、大脳前頭葉がもっとも活動をしているのですね。

安野先生は、子供の頃から連想に励《はげ》んでいらっしゃったのです。他にどんな遊びをされていたのですか。

安野　弟に向かって一所懸命嘘《いっしょけんめいうそ》をつく。一番うまくいったのは、「うちには地下室があるんだぞ」という嘘です。「絶対に誰《だれ》にも言うなよ」と言ったら、「うん」と言ってね。弟は真面目《まじめ》な顔をしてドキーンとするわけです。「米びつを見てごらん、底が見えないところまであるんだぞ、あれはずーっと地下にまでつながっていて、食うには困らないんだぞ」と言ったら、弟は嬉《うれ》しそうな顔をしました。地下室にはどうやって入るのかと聞くので、入る所もちゃんと教えて、仏壇《ぶつだん》を開けて、「あそこを押《お》せばいいんだよ。でも、お前誰にも言うなよ」なんて言ってね。

それで地下室には、金、銀、財宝がいっぱい。だから他の人から見ると家は貧乏《びんぼう》だけれど、本当は大金持ちなのだと言いました。かなり大きくなってから、「お前、どう思っていた?」と弟に聞いたら、「あの時くらい心豊かだったことはない」と言っていました。

その時の私は、弟に話して聞かせたかった、嘘をつきたかったということだけではないんです。弟から反射してくる彼のリアリティを、自分のものにしたかった。そうして嘘の世界に入っていきます。僕も一緒《いっしょ》になって本当のように体験することができます。おとぎ話というのはそういうものですね。お話というのは結局、子どもに話して聞かせているようで、実は自分が楽しんでいるんじゃないかな、という気がします。

藤原 いま思い出しましたが、小学校のときに安野先生に笑わされたのは、いまのような話が多かった。皆で笑い転げました。なぜあんなに笑ったのか、ずーっと忘れていましたが、五十年ぶりに思い出しました。先生は「だまし絵」をずいぶん描《か》かれていますが、三つ子の魂《たましい》だったんですね。

安野 そうかもしれませんね。「おきのま」と僕らは呼んでいたんだけれど、敷布団《しきぶとん》一枚敷《し》いてあって、そこで相撲《すもう》をとったりなんかしていたの。あるとき停電になって、電気がパーッと消えちゃったんです。あの頃はよく停電になりました。電気が消えて「大変だー」と言った瞬間《しゅんかん》に、南海の孤島《ことう》で遭難《そうなん》して、筏《いかだ》につかまって、真っ暗な怒濤《どとう》の中に投げ出されたわけです。「大丈夫《だいじょうぶ》か、つかまれー」とか言って、弟は何のことやらわからない。僕は「しっかりつかまってろ」とか、「また波が来た！　死んじゃう！」とか言うんです。自分が「危ない」とか、「怖《こわ》い」とか、「助けてくれ！」とか言えば言うほど、だんだんだんだん迫力《はくりょく》が出るんです。

弟は弟で、僕よりも本気にしているわけです。弟に「しっかりつかまれ」と言うと、僕の足にしがみつく。ものすごくリアリティがあるんです。僕もそのたびに、ますますリアルになってくる。怖がるということはそういうことです。次から次へと、「タコ入道が来た！」とか、「サメが来た！」とか自分から言って、怖くて怖くてしょうがないわけです。言わなければいいのにね（笑）。

そうこうするうちに電気がパッとついて、しらけてしまい、何をやっていたんだと思うわけです。

僕が言いたいのは、その時本当に面白いというのは、演劇に似ていると思うんです。あんなに本気になって面白かったのに、もういっぺんやると駄目なんです。もうあの時の感激はないんです。

藤原　それにしても、停電と同時に大嘘をつき始める、いや冒険《ぼうけん》物語を創作するというのは、『即興詩人《そっきょうしじん》』の主人公アントニオも顔負けです。

安野　そう言われてみると、恋《こい》はそもそも実体のない、はかない嘘みたいなものからはじまるのかもしれませんね。「嘘から出たまこと」ですね。嘘の種を一粒《ひとつぶ》まくと、事実が実ってくる。私もそのあたりの手筈《てはず》がわかっていたら、もっともっと豊かな人生が送れたかもしれないのにね（笑）。

「助けてくれ！」と言うと、そこへ追いこまれる。黙《だま》ってちゃだめなんですね。「愛してる！」と言えばいい。言うだけで種が蒔《ま》かれる。

宮沢賢治《みやざわけんじ》は授業の中で、空想の時間というのをやったそうです。今日は空想の時間と言って、みんなで空想をするそうなんです。私もやればよかったと思う。

藤原　『銀河鉄道の夜』も空想ですものね。安野先生や宮沢賢治のようなたくましい想像力と創造力が、日本語という世界的に稀有《けう》なほど豊潤《ほうじゅん》な言語と結びついて、日本独自の文化、文学を生んだのだ、と今日は納得《なっとく》いたしました。

あとがき

安野光雅《あんのみつまさ》

先日出た『世にも美しい数学入門』の〝世にも美しい〟という言い方は、短いけれど、本当にすべてを言い表していると思いました。そして数学者の間でも評判でした。

思うに世間では、数学を誤解しています。暗算の天才は数学の天才というような短絡《たんらく》をしている人を説得するのは一苦労です。

数学は「計算をして釣《つ》り銭《せん》をだす」といった目先の実用のため、あるいは、数学ができないと入学試験に受からないといった、極《きわ》めて功利的《こうりてき》な誤解されやすい立場におかれています。それを言うなら美術の授業なんて、美術大学以外の試験には関係ないし、さしあたり、看板《かんばん》も描《か》けないというはなしになります。そうした場合、(美術大学の試験に受かることさえも)「美と感性」ということとは関係ないことになります。

朝永振一郎《ともながしんいちろう》さんが、「数学にのめりこんでいったのはそれが美しいからだ」と言われたものを読んで、そうだろうなとは思いましたが、その頃《ころ》はまだ「美」という形のないものを、ある概念《がいねん》としてとらえることが難しかったのです。

「美」というと、芸術といわれているものの受け持ちのように思われていますが、それは「具象的」であるため、わかり易《やす》いからでしょうが、よく考えてみるとそんなことはありません。

以前、藤原《ふじわら》さんが言われたことの中に、高い絶壁《ぜっぺき》の上に咲《さ》いている花に惹《ひ》かれ、なんとしてもその花を手にしたい、という夢とも情熱ともつかぬ、魔力《まりょく》に惹かれて命がけでそれを採りに行くという言葉がありました。まず「花を美しいと感じ、それに魅《み》せられてしまうから危険も冒《おか》す」(このあたりは私の聞き取り方ではありますが、あまり違《ちが》わないと思います）その時、「ああ、やはり数学も同じなんだな」と、とても納得《なっとく》しました。

絵や、音楽、優《すぐ》れた文学は心を揺《ゆ》さぶります。それらに感動・反応する感性は心の中の働きです。絵は形のあるものですが、その形あるものが何かを説明しているのではなく、見る人の心の動きに働きかけようとしているのです。

この本を読んで下さる方に向かって言うのですが、ここのところをミューズという言い方にするとわかってもらえるかもしれません。それはアメリカのクヌースという数学者と話していたとき、私が美というところを彼《かれ》がミューズと言ったにすぎませんが、ミューズは（芸術だけでなく）学問の女神とされています。そのミューズに魅せられて、心が動きはじめるのです。

この魅せられることを、詳《くわ》しく言うとめんどうだから「美」と一言で言っているのです。平たく言うと永遠のミューズに恋《こい》してしまって、抜《ぬ》き差《さ》しならなくなる、そういう人は困ることもあるでしょうが、幸せなことでもあります。

人は相手がミューズでなくても、しばしば恋をします。ところがこの、恋というマジカルなものの中に美という、不可解なものがひそんでいることがあるから、油断はなりません。

数学はすべて言葉で言い表せる（哲学的《てつがくてき》な）世界で、専門的になると難しくなってしまいますが、時間をかければふつうの言葉で言い表せるはずの、言葉を駆使《くし》して考える世界です。その到達《とうたつ》した場所は、面倒《めんどう》ではあっても、聞く側に、用意さえあれば百万人を説得できる峻厳《しゅんげん》な世界です。

私はこの頃、絵とは、見えるものを描くのではない、むしろ見えないものを描くのだと、次第に強く思うようになりました。数学は、見えない世界です。図形とかグラフなどは見えるけれど、それは背後の数理を視覚化している仮りの姿にすぎない。

だから、数学もそうに違いないとは思っても、藤原さんのいろんな本を読み、目の前で、はっきりそう言ってくれるまで確たる自信がもてませんでした。

「数学は美しいがために成立し、深まっていく」と言われるのを、聞いてああやっぱりそうだった、よかったなあという気がします。「数学が美しい」と言うとき、他の学問や芸術はかないません。なぜかというと、「数学の美しさ」のもたらす感動は、時空を超《こ》えています。これから先、永遠にその真理は変わらない。空間的には、他のどんなふしぎな星に行ってもその真理は変わらない。永遠に……。

絵は、説明したり証明したりしなくてもいい、単に色と形の世界ですから、それを見る人の感性に頼《たよ》るしかありません。言《い》い換《か》えれば、絵や文学は、見る人の感受性と掛《か》け算《ざん》の世界です。絵や文章をかいた本人が十分だと思っても、百万人を説得することはできないのです。

詩はどうでしょう。これも証明する必要はありません。でも「暮れ行けば浅間も見えず　歌哀《かな》し佐久《さく》の草笛《くさぶえ》」（島崎藤村《しまざきとうそん》）という言葉を聞いただけで、私も血が騒《さわ》ぎます。

私が浅間を見たのは、この詩を覚えて十年は後です。松本の帰りに佐久市に寄って帰ったのは、さらに三十年くらいあとです。そうした具体的な浅間や佐久を知らなくても、いやむしろ知らないほうが、かえっていいかもしれないほどの胸騒《むなさわ》ぎが残ります。

『千曲川《ちくまがわ》旅情の歌』のどこの一行を拾ってもそうですが、例えば「うたかなしさくのくさぶえ」という音のたたずまいに、無意識のうちに心をとらえられています。「さくのつのぶえ」でも「さくのたけぶえ」でも、似て非なるものになってしまいます。

絵もまた、こうした文学に負けないほどに、感動してもらえる力を秘《ひ》めていたいものですが、どうでしょうか。

でも、この対談で、絵や文学は数学のように証明できないけれど、数学者もまた酔《よ》うほどの魅力があることを知っただけで満足です。

引用作品一覧（五十音順）

◎文献

芥川也寸志編纂、安野光雅画『歌の絵本――日本の唱歌より』講談社、一九七七年
安野光雅『片想い百人一首』筑摩書房、二〇〇〇年
安野光雅『大志の歌』童話屋、二〇〇五年
安野光雅『繪本歌の旅』講談社、二〇〇五年
石井勲『幼児は「漢字」で天才になる――漢字はひらがなより覚えやすい「石井式漢字教育」現場からのレポート』コスモトゥーワン、二〇〇〇年
井伏鱒二『厄除け詩集』講談社文芸文庫、一九九四年
岩手県農村文化懇談会編『戦没農民兵士の手紙』岩波新書、一九六一年
巌谷小波『こがね丸』「少年文学叢書」博文館、一八九一年
上田敏『海潮音――上田敏訳詩集』新潮文庫、一九五二年

宇治谷孟『日本書紀』〈上〉〈下〉、講談社学術文庫、一九八八年
内村鑑三著、鈴木俊郎訳『余は如何にして基督信徒となりし乎』岩波文庫、一九五八年
内村鑑三著、鈴木範久訳『代表的日本人』岩波文庫、一九九五年
岡倉覚三（天心）著、村岡博訳『茶の本』岩波文庫、一九六一年
岡倉天心『東洋の理想』講談社学術文庫、一九八六年
梶原正昭、山下宏明校注『平家物語』〈一〉～〈四〉、岩波文庫、一九九九年
鴨長明著、市古貞次校注『方丈記』岩波文庫、一九八九年
久米邦武編、田中彰校注『特命全権大使 米欧回覧実記』〈一〉～〈五〉、岩波文庫、一九七七～一九八二年
栗田亘『漢文を学ぶ』〈一〉～〈四〉、童話屋、二〇〇二～二〇〇四年
佐伯梅友校注『古今和歌集』岩波文庫、一九八一年
相良守峯訳『ニーベルンゲンの歌』〈前編〉〈後編〉、岩波文庫、一九七七年
佐佐木信綱校訂『新古今和歌集』新訂　岩波文庫、一九五九年

数学教育協議会／銀林浩・野崎昭弘・小沢健一編『家庭の算数・数学百科』日本評論社、二〇〇五年
鈴木大拙『日本的霊性』岩波文庫、一九七二年
清少納言著、池田亀鑑校訂『枕草子』岩波文庫、一九六二年
ダンテ著、山川丙三郎訳『神曲』〈上〉〈中〉〈下〉、岩波文庫、一九五二〜一九五八年
チョーサー著、桝井迪夫訳『カンタベリー物語』完訳〈上〉〈中〉〈下〉、岩波文庫、一九九五年
壺井栄『二十四の瞳』新潮文庫、一九五七年
中西進訳注『万葉集』〈一〉〜〈四〉、講談社文庫、一九七八〜一九八三年
新渡戸稲造著、矢内原忠雄訳『武士道』岩波文庫、一九七四年
日本戦没学生記念会編『きけ　わだつみのこえ――日本戦没学生の手記』新版　岩波文庫、一九九五年
福沢諭吉『学問のすすめ』岩波文庫、一九七八年

福沢諭吉著、富田正文校訂『福翁自伝』新訂　岩波文庫、一九七八年
ボッカッチョ著、河島英昭訳『デカメロン』〈上〉〈下〉、講談社文芸文庫、一九九九年
マーク・トウェイン著、西田実訳『ハックルベリー・フィンの冒険』〈上〉〈下〉、岩波文庫、一九七七年
宮沢賢治『銀河鉄道の夜』新編　新潮社、一九八九年
宮本常一『忘れられた日本人』岩波文庫、一九八四年
無着成恭編『山びこ学校』岩波文庫、一九九五年
紫式部著、与謝野晶子訳『全訳源氏物語』〈上〉〈中〉〈下〉、角川文庫クラシックス、一九七一～一九七二年
森鷗外『即興詩人――森鷗外全集〈10〉』ちくま文庫、一九九五年
森鷗外『独逸日記・小倉日記――森鷗外全集〈13〉』ちくま文庫、一九九六年
森まゆみ『「即興詩人」のイタリア』講談社、二〇〇三年
吉川幸次郎、三好達治『新唐詩選』岩波新書、一九五二年

吉田兼好著、西尾実、安良岡康作校注『徒然草』新訂　岩波文庫、一九八五年
吉田満『戦艦大和ノ最期』講談社文芸文庫、一九九四年
山川菊栄『武家の女性』岩波文庫、一九八三年

◎唱歌、童謡など（第五章）

加藤まさを詞、佐々木すぐる曲『月の砂漠』
加藤省吾詞、海沼実曲『みかんの花咲く丘』
菊田一夫詞、古関裕而曲『鐘の鳴る丘（とんがり帽子）』
北原白秋詞、成田為三曲『雨』
北原白秋詞、山田耕筰曲『あわて床屋』
北原白秋詞、山田耕筰曲『からたちの花』
北原白秋詞、中山晋平曲『砂山』
斎藤信夫詞、海沼実曲『里の秋』

島崎藤村『初恋』
関種子、佐藤千夜子歌『日本橋から』
高野辰之詞、岡野貞一曲『春の小川』
坪田譲治他編『赤い鳥傑作集』新潮文庫、一九五五年
三木露風詞、山田耕作曲『赤とんぼ』
野口雨情詞、中山晋平曲『シャボン玉』
武鳥羽衣詞、田中穂積曲『美しき天然』
宮原晃一郎詞、文部省唱歌『われは海の子』
文部省唱歌『冬景色』
文部省唱歌『村の鍛冶屋』

ちくまプリマー新書

001 ちゃんと話すための敬語の本　橋本治

敬語ってむずかしいよね。でも、その歴史や成り立ちがわかれば、いつのまにか大人の言葉が身についていく。これさえ読めば、もう敬語なんかこわくない！

002 先生はえらい　内田樹

「先生はえらい」のです。たとえ何ひとつ教えてくれなくても。「えらい」と思いさえすれば学びの道はひらかれる。――だれもが幸福になれる、常識やぶりの教育論。

003 死んだらどうなるの？　玄侑宗久

「あの世」はどういうところか。「魂」は本当にあるのだろうか。宗教的な観点をはじめ、科学的な見方も踏まえて、死とは何かをまっすぐに語りかけてくる一冊。

004 熱烈応援！スポーツ天国　最相葉月

マイナースポーツの世界にようこそ。試合会場へ足を踏み入れると、そこには「観戦症」の人たちがあふれていた。スポーツの楽しさと魔力をとらえた熱いレポート。

005 事物はじまりの物語　吉村昭

江戸から明治、人々は苦労して新しいものを取り入れ、初めてのものを作りだした。歴史小説作家が豊富な史料を駆使して書いたパイオニアたちのとっておきの物語。

ちくまプリマー新書

006
勉強ができなくても恥ずかしくない①
どうしよう…の巻
橋本治
学校に適応できないケンタくんは、友達も勉強もできない。そんなケンタくんが、少しずつ生きるための知恵を見つけていく。子供目線で胸に迫る教育批評的小説第一弾。

007
勉強ができなくても恥ずかしくない②
やっちまえ！の巻
橋本治
横丁に友だちができて、ビー玉勝負にも勝てるようになると、ケンタくんは学校も好きになった。遊びも模擬試験も絶好調。学ぶよろこびを見つける小説、第二部。

008
勉強ができなくても恥ずかしくない③
それからの巻
橋本治
みんなと仲良くできたから遊びも勉強も楽しかった。ところが高2になるとクラスは受験一色。ケンタくんはただ一人「正しい高校生」をやる決意をする。三部作完結。

009
学校で教えない性教育の本
河野美香
性についての「情報」はたくさん持っていても、「知識」はあやふや。自分と相手の体を守るためにも、最低限これだけは読んでおいてほしい。全ての恋する中高生に。

010
奇跡を起こした村のはなし
吉岡忍
豪雪、大水害、過疎という苦境を乗り越え、農業と観光が一体化した元気な姿に生まれ変わった黒川村。小さな町や村が、生き残るための知恵を教えてくれる一冊。

ちくまプリマー新書

011
世にも美しい数学入門
藤原正彦
小川洋子
数学者は、「数学は、ただ圧倒的に美しいものです」とはっきり言い切る。作家は、想像力に裏打ちされた鋭い質問によって、美しさの核心に迫っていく。

012
人類と建築の歴史
藤森照信
母なる大地と父なる太陽への祈りが建築を誕生させた。人類が建築を生み出し、現代建築にまで変化させていく過程を、ダイナミックに追跡する画期的な建築史。

013
変な子と呼ばれて
ミッシェル・近藤の人生
吉永みち子
子供のころから女装や化粧を好んだミッシェルは、変な子と言われ続けた……。身体と心の性が異なる一人のピアニストの波乱の人生を通して、性とは何かを考える。

014
ある漂流者のはなし
吉岡忍
「生きる力」って何だろう。三十七日間、ひとりぼっちで漂流し奇跡的に生還した男は、何を考え、どのようにふるまったのか。その真実に迫る感動のドキュメント。

ちくまプリマー新書

015
お金持ちになれる人
邱永漢
どうしたらお金持ちになれるのか？　それは足元に落ちている一円玉を拾うことからはじまります。景気の動向を見きわめて、貯め、儲け、ふやす極意を伝授。

016
人はあなたの顔をどう見ているか
石井政之
容姿の悩みは誰にでも多少あるもの。ダイエットにプチ整形、コンプレックス産業は煽り続ける。でも「美しさ」を本当に考えたことある？　美の競争から自由になる本。

017
ピカソに見せたい！
山本容子
感じるままに、物語るように、絵を描いてみよう。華麗に多彩に作品を発表している版画家が、絵を描くことのよろこびを子供たちに伝えた。心がはずむ交流の記録。

018
数え方でみがく日本語
飯田朝子
なぜチャンスは一回ではなく一度？　どれ位細いものから一本と数える？「学年一個上」は正しい？　雑学ではなく、数え方を通して日本語のものの捉え方を知る本。

ちくまプリマー新書

019
こころの底に見えたもの
なだいなだ
ヒステリー、催眠術、狐憑き、トラウマ、こころの底は不思議なことばかり。精神分析を作り出したフロイトがそこで見たものは？　心理学誕生の謎を解き明かす。

020
〈いい子〉じゃなきゃいけないの？
香山リカ
あなたは〈いい子〉の仮面をかぶっていませんか？　時にはダメな自分を見せたっていい。素顔のあなたのほうがずっと素敵。自分をもっと好きになるための一冊。

021
木のことば　森のことば
高田宏
息をのむような美しさと、怪異ともいうべき荒々しさをあわせ持つ森の世界。耳をすますと、生命の息吹が聞こえてくる。さあ、静かなドラマに満ちた自然の中へ。

022
漢方的スローライフ
幸井俊高
心身一如。健康には、部分の治療ではなく全体のバランスが大切。漢方的スローライフは、そのための知恵。思春期の今こそ生活を見直して、身も心もラクになろう。

ちくまプリマー新書

023 目玉の学校 赤瀬川原平

ものごとを正しく見るだけでは面白くない。錯覚から想像力、創造力がひろがっていくこともある。見ることの不思議から始まって、目玉のもつ秘密に迫る一冊。

024 憲法はむずかしくない 池上彰

憲法はとても大事なものだから、変えるにしろ、守るにしろ、しっかり考える必要がある。そもそも憲法ってなんだろう？ この本は、そんな素朴な質問に答えます。

025 英語の論理 日本語の心 牧野高吉

外国語は異文化。文化がちがえば発想もちがう。英会話や英作文でつまずくのは、日本語の発想に引きずられるから。二つの発想を比較することで苦手の根本を克服。

026 君はレオナルド・ダ・ヴィンチを知っているか 布施英利

偉大な科学者で、世界一の画家。その魅力は、今も輝き続けている。残された名画とメモを頼りに、彼の足跡を辿ってみよう。君の人生のお手本にもなるはずだ。

ちくまプリマー新書027

世《よ》にも美《うつく》しい日本語入門《にほんごにゅうもん》

二〇〇六年一月十日　初版第一刷発行
二〇二三年三月二十日　初版第十一刷発行

著者　安野光雅（あんの・みつまさ）
藤原正彦（ふじわら・まさひこ）

発装幀　クラフト・エヴィング商會
発行者　喜入冬子
発行所　株式会社筑摩書房
東京都台東区蔵前二‐五‐三　〒一一一‐八七五五
電話番号　〇三‐五六八七‐二六〇一（代表）
印刷・製本　株式会社精興社
ISBN978-4-480-68727-2 C0281 Printed in Japan